Stephan Scharfenorth

Erfolgreich im Strukturvertrieb

Stephan Scharfenorth

Erfolgreich im Strukturvertrieb

Grundlagen, Karriereschritte und Vertriebspraxis

Bibliografische Information Der Deutschen Bibliothek
Die Deutsche Bibliothek verzeichnet diese Publikation in der Deutschen
Nationalbibliografie; detaillierte bibliografische Daten sind im Internet über
<http://dnb.ddb.de> abrufbar.

1. Auflage Oktober 2004
1. Nachdruck 2005

Alle Rechte vorbehalten
© Betriebswirtschaftlicher Verlag Dr. Th. Gabler/GWV Fachverlage GmbH,
Wiesbaden 2004

Lektorat: Barbara Möller

Der Gabler Verlag ist ein Unternehmen von Springer Science+Business Media.
www.gabler.de

Das Werk einschließlich aller seiner Teile ist urheberrechtlich geschützt. Jede Verwertung außerhalb der engen Grenzen des Urheberrechtsgesetzes ist ohne Zustimmung des Verlags unzulässig und strafbar. Das gilt insbesondere für Vervielfältigungen, Übersetzungen, Mikroverfilmungen und die Einspeicherung und Verarbeitung in elektronischen Systemen.

Die Wiedergabe von Gebrauchsnamen, Handelsnamen, Warenbezeichnungen usw. in diesem Werk berechtigt auch ohne besondere Kennzeichnung nicht zu der Annahme, dass solche Namen im Sinne der Warenzeichen- und Markenschutz-Gesetzgebung als frei zu betrachten wären und daher von jedermann benutzt werden dürften.

Umschlaggestaltung: Nina Faber de.sign, Wiesbaden
Satz: ITS Text und Satz Anne Fuchs, Pfofeld-Langlau
Druck und buchbinderische Verarbeitung: Wilhelm & Adam, Heusenstamm
Gedruckt auf säurefreiem und chlorfrei gebleichtem Papier
Printed in Germany

ISBN 3-409-03404-8

Die Geheimformel für garantierten Erfolg ...

... ist relativ simpel „Mensch gewinnt Mensch, und keiner gewinnt alleine". Gut organisierte, strukturierte Vertriebe wenden diese Formel sehr erfolgreich an. Wie strukturierte Vertriebe genau funktionieren, wodurch sie sich von anderen Vertriebsformen unterscheiden und welche Chancen sich für jeden einzelnen Menschen dadurch ergeben können, beschreibt das vorliegende Buch sehr anschaulich.

Übrigens: Wer den Begriff „Verkäufer" in einem Strukturvertrieb sucht, der sucht vergebens. Gute „Verkäufer" verstehen sich traditionell als Berater und ausgezeichnete Beziehungsmanager. Sie wissen, dass Sympathie, Offenheit und Vertrauen als erste Kundenbindungsmaßnahme die Grundlage ihres Geschäfts sind. Als Partner in einem strukturierten Vertrieb hat jeder die Möglichkeit, sein Gehalt zu erhöhen oder sogar seinen Lebensunterhalt komplett durch diese Fokussierung zu generieren. Um als Mitarbeiter eines Unternehmens in die Gunst einer Gehaltserhöhung zu kommen, bedarf es in der Regel eines langwierigen und schwer kalkulierbaren Prozesses. Gründe für eine mögliche Gehaltsaufstockung sind aufwendige und kostspielige Weiterbildungsprogramme, Universitätsabschlüsse oder einfach der Treuebonus für jahrelange Unternehmenszugehörigkeit. Grundsätzlich jedoch gibt es keine Garantie dafür, dass Ihre Firma Ihren Lebensstandard absichert. Durch Rationalisierungen, Fusionen, Neuorientierungen, Konkurrenzdruck und andere Ereignisse kann es durchaus sein, dass Ihre Firma plötzlich auf Ihre Dienste verzichten kann oder dass Ihre Fähigkeiten im Rahmen einer Neubewertung niedriger eingestuft werden. Das passiert Ihnen im Strukturvertrieb nicht.

Auch als Beziehungsmanager eines strukturierten Vertriebs muss man für sein Geld arbeiten, aber hier ist es vergleichsweise einfach, sich ein hohes, stabiles Einkommen zu sichern. Es gibt Menschen, die mit diesem Konzept in einem Monat verdienen, was andere in „normalen" Firmen im Jahr verdienen! Ein Unternehmer verdient nun einmal mehr als ein Angestellter.

Ein weiterer Trumpf liegt in der Art, sich zu duplizieren. Hat man sich einen Kundenstamm als Existenzgrundlage erarbeitet, kann man sich verstärkt auf das Recruiting verlagern und sich so seine Aufbautätigkeit honorieren lassen. Damit sind wir beim nächsten Erfolgsgaranten: der Multiplikation des Wissens. Denn man kann das Know-how, das man sich angeeignet hat, genauso wie seine Begeisterung vervielfältigen, andere mit dieser Motivation mitreißen und so sein Geschäft um ein Vielfaches multiplizieren.

Stephan Scharfenorth gibt mit dem Buch „Erfolgreich im Strukturvertrieb" eine unverzichtbare Orientierungshilfe, um sich mit dieser Vertriebsform intensiv auseinander zu setzen. Ein wichtiger Leitfaden für jeden, der sich unternehmerisch verwirklichen möchte!

Ich gratuliere zu diesem gelungenen Werk,

Ihr
Edgar K. Geffroy
www.geffroy.de

Belächelt – bekämpft – akzeptiert

Das ist der Dreisprung, den alle erfolgreichen Innovatoren und Paradigmenwechsler hinter sich bringen mussten und der insbesondere für den Strukturvertrieb galt. War doch anfangs die aus den USA gekommene Grundidee des Verkaufs in Netzwerken und ohne Zwischenhandel hierzulande zu revolutionär, um ernst genommen werden zu können. Die ersten Skeptiker verstummten, als die Nachricht von überaus erfolgreichen Geschäftskonzepten die Runde machte und deren Protagonisten – für damalige Verhältnisse ganz untypisch – keinen Hehl daraus machten, wie der Erfolg möglich wurde. Dies konnte nicht mit rechten Dingen zugehen, und man war mit allerhand Vorurteilen zur Stelle, die als Killerargument so manchem Netzwerker entgegengehalten wurden.

Heute ist der Strukturvertrieb als allgemein akzeptiert zu bezeichnen. Es existiert ein eigener Lehrstuhl für diese Marketingdisziplin, und die durchaus vorhanden gewesene Spreu hat sich vom Weizen getrennt. In Anbetracht der gesellschaftlichen und volkswirtschaftlichen Entwicklung ist das Prinzip des Strukturvertriebs aktueller denn je. Eigenverantwortung hat die latente Vollkasko-Mentalität abgelöst, und selbst die radikalsten Besitzstandswahrer beschleicht das Gefühl, mit ihrer Einstellung in eine Sackgasse geraten zu sein.

Eine Option, um aus dieser Einbahnstraße herauszukommen bietet u. a. der Strukturvertrieb. Bislang gibt es keinen schnelleren und Eigenkapital schonenderen Einstieg in die berufliche Selbstständigkeit. Doch um vom Selbstständigen (der alles ständig selbst tut) zum Unternehmer zu werden, ist eine weitere Hürde zu nehmen. Vor allem liegt diese in der Erkenntnis, dass es sich – egal ob upline oder downline – um Unternehmen handelt, die trotz ihrer Ausnahmestellung, wie jedes andere Unternehmen auch, am Markt agieren und dessen Bedingungen kennen müssen. Der Strukturvertrieb hieße also besser „strukturiertes

Unternehmen", denn nicht nur der gut organisierte Vertrieb ist es, was erfolgreiche Betriebe ausmacht. Auch wenn das Gerüst des Unternehmens bereits vorgegeben ist: Noch immer machen es die Persönlichkeit und der Charakter des Inhabers aus, die entscheiden, wohin sich die Firma entwickelt. Wissen ist nicht angeboren, Erfahrungen sind selbst zu machen, und es gibt keine bessere Motivation als die eigene – nur um ein paar Beispiele zu nennen.

Der Strukturvertrieb gibt, wie der Name schon sagt, die Struktur vor. „Fleisch an die Knochen", sprich das Unternehmen ins Leben zu bringen, diese Aufgabe wird noch lange Zeit Chefsache bleiben. Eine gute Unterstützung hierfür bietet dieses Buch von Stephan Scharfenorth. Ihm ist es gelungen, in hervorragender und verständlicher Weise mehr Licht ins Dunkel des Mythos Strukturvertrieb zu bringen. „Erfolgreich im Strukturvertrieb" wird durch seinen in sich geschlossenen Aufbau sicher zum Standard für jeden Neueinsteiger und zum Nachschlagewerk für den einen oder anderen „alten Hasen" der Branche.

Herzlichen Glückwunsch zu diesem Buch!

Ihr
Alfred J. Kremer
www.multiconsult-muenchen.de

Inhalt

Die Geheimformel für garantierten Erfolg ...
Vorwort von Edgar K. Geffroy 5

Belächelt – bekämpft – akzeptiert
Vorwort von Alfred J. Kremer 7

Einführung 11

Teil I:
Grundlagen, Einstieg und Karriereschritte

1. Was verbirgt sich hinter Strukturvertrieb, Network-Marketing und Multi-Level-Marketing? 15
2. Wie funktioniert Network-Marketing? 16
3. Wie unterscheiden sich Network-Marketing und Strukturvertrieb? 18
4. Warum ist diese Art des Vertriebs so erfolgreich und wie funktioniert sie? 20
5. Was unterscheidet den Strukturvertrieb von Gewinnspielen und Schneeballsystemen? 21
6. Warum partizipieren die Geschäftspartner an den Umsätzen der von ihnen geworbenen Vertriebspartner? 23
7. Welche Berührungspunkte gibt es zwischen Strukturvertrieb und Franchising? 24
8. Woher kommt der schlechte Ruf des Strukturvertriebs und wie berechtigt ist er? 25
9. Was passiert, wenn der Markt gesättigt ist? 28
10. Wie funktionieren die Marketing- und Karrierepläne? 30
    10.1 Die Karrierepläne der Strukturvertriebe 30
    10.2 Die Marketingpläne im Network-Marketing ... 35

11. Bietet der Strukturvertrieb eine Chance für jeden? 38
12. Ihr persönliches Zielsystem 43
    12.1 Entscheiden Sie genau, was Sie wollen 44
    12.2 Klären Sie den Ausgangspunkt 47
    12.3 Erstellen Sie einen Plan für Ihren Weg zum Ziel 49

Teil II: Die Vertriebspraxis

1. Produktpräsentation und Verkauf 51
    1.1 Produktpräsentation und Verkauf – Phase I 53
    1.2 Produktpräsentation und Verkauf – Phase II ... 61
2. Akquisition und Empfehlungsmarketing 77
    2.1 Der direkte Weg 79
    2.2 Das Empfehlungs- und Referenzgespräch 85
    2.3 Das Akquisitionsgespräch 88
    2.4 Der indirekte Weg 103
3. Die Rekrutierung neuer Geschäftspartner 105
    3.1 Der „ideale" Geschäftspartner 106
    3.2 Die Systematik des Einstellungsgesprächs 110
4. Einarbeitung und Multiplikation 121
    4.1 Das Grundseminar 121
    4.2 Die professionelle Einarbeitung 128
    4.3 Trainings, Meetings und Seminare 131
5. Recruiting for professionals 140

Anhang – Gut zu wissen

Glossar 151
Ranking der Strukturvertriebe 155
Informationsempfehlungen 158
Der Autor 160

Einführung

Liebe Leserin, lieber Leser,

der Strukturvertrieb hat mir ein Leben ermöglicht, wie ich es vermutlich auf anderen Wegen nie oder erst viel später hätte führen können. Dabei war der Anfang meiner Karriere noch recht unspektakulär und eher desillusionierend.

Eines Tages, kurz vor dem Ende meiner Ausbildung zum Bankkaufmann, saß ich an dem Schreibtisch eines Kundenberaters und durfte meinen ersten Kunden bedienen. Ich gab mir reichlich Mühe und verkaufte ihm eine Lebensversicherung und einen Bausparvertrag. Stolz über diesen Erfolg fragte ich meinen Betreuer, was ich denn an Provision bekäme. Ich wusste ja bereits, dass solche Dienstleistungen von Versicherern recht vernünftig honoriert werden. Die Antwort war niederschmetternd und ernüchternd zugleich. Mein Ausbilder sagte zu mir: „Tja, Stephan, die Provision für dieses Geschäft bekommt die Bank und nicht du. Allerdings wird dieser Abschluss für dich positiv in einer Statistik vermerkt. Sei nicht traurig, so ist es nun mal."

Ich war angetreten in einer Welt des Geldes, der Macht, glänzender Bürotürme – und fühlte mich schlecht. In den folgenden Tagen und Wochen beschäftigte mich unablässig nur eine Frage: „Was wird die Marktlücke sein, die mich reich macht, und woher nehme ich das Geld dafür?" Und dann passierte es! Während einer Veranstaltung, irgendwo am Rande von Berlin, fielen mir drei äußerst elegant gekleidete Herren auf, die sich sehr angeregt mit anderen Gästen unterhielten und die sehr selbstbewusst auftraten. Für einen Moment träumte ich davon, wie schön es wäre, einer von ihnen zu sein. Es war ein so angenehmer Gedanke, dass ich nicht bemerkte, wie plötzlich einer dieser Herren neben mir stand. Überrascht erkannte ich in ihm Thomas, einen alten Schulfreund. Wir tauschten Erinnerungen von früher aus, und dann fragte ich ihn nach seiner beruflichen Entwicklung. Seine Antwort veränderte mein Leben: „Ich verkaufe jetzt Immobilien, werde reich, und wenn du willst, dann kannst du das auch."

Er stellte mich seinen Geschäftspartnern vor, die mich gleich mit unzähligen Fragen nach meinen Zielen und Wünschen bombardierten. So schnell, wie sie fragten, antwortete ich mit der Zahl „911", denn ein Porsche 911 war zu jener Zeit mein innigster Wunsch. Wie es der Zufall wollte, fuhr einer der Herren eines dieser magischen Automobile. Er lud mich spontan zu einer Probefahrt ein, und ich hatte das vermutlich schnellste und zugleich effektivste Einstellungsgespräch. Es folgten diverse Gespräche in vornehmen Hotels, um mir die Details zu erklären. Ich nutzte die Chance, und bald darauf wurde mir mein erster Titel verliehen. Ich war stolzer „Repräsentant" des Unternehmens und bereit für die 1. Liga. Das Verkaufsgespräch und das Karrieresystem dieses Strukturvertriebs waren so einfach und genial, dass ich es gar nicht glauben wollte – und damit legte ich den Grundstein für ein erfolgreiches Scheitern.

Ich arbeitete ein halbes Jahr als nebenberuflicher Geschäftspartner, war vollends erfolglos und schloss bereits mit dem Gedanken an eine glänzende Zukunft ab. Zu dieser Zeit zitierte mich der Chef des Unternehmens zu sich und fragte, was aus meiner Sicht gesehen nicht funktioniere. Nachdem ich in akribischer Art und Weise alles infragegestellt hatte, sagte er zu mir: „Stephan, du bist ein sehr intelligenter Mensch und vermutlich der Geschäftspartner, der über die besten fachlichen Kenntnisse verfügt. Du weißt alles und kannst alles, aber zwei Sachen vergisst du leider. Ohne Kunden gibt es keinen Abschluss und ohne Geschäftspartner keine große Organisation."

Endlich verstand ich, worauf der Erfolg der anderen Geschäftspartner und damit des Unternehmens basierte. Es galt ein tausendfach erprobtes Konzept anzuwenden und nicht ständig das Rad neu zu erfinden. Ab diesem Tag lief es wie geschmiert. Den ersten Verkäufen folgten Geschäftspartner, und mein Unternehmen wuchs und wuchs. Mit der Hilfe meiner Führungskräfte entwickelte ich bald die erfolgreichste Struktur innerhalb des Unternehmens und erreichte die höchste Position des Karriereplans. Ich baute ein neues Ausbildungssystem auf und war für das Training der Geschäftspartner verantwortlich.

Nach einer Zeit der Neuorientierung und personellen Veränderung im Bereich der Unternehmensführung entschloss ich mich, das Unternehmen zu verlassen. Die gesammelten Erfahrungen befähigten mich zu neuen Aufgaben und führten mich in den Bereich Consulting und Training. Im Laufe der Jahre habe ich viele Unternehmen beim Vertriebs- und Organisationsaufbau beraten, wobei ich nach wie vor einen eigenen Vertrieb leitete.

Eines Tages lernte ich über einen Freund und Geschäftspartner einen sehr viel versprechenden Unternehmer kennen, der einen Strukturvertrieb aufgebaut und zu beachtlicher Größe ausgebaut hatte. Trotz meines bisherigen Erfolges und der wenigen Zeit, die mir zur Verfügung stand, entschloss ich mich zu einer Zusammenarbeit. In kürzester Zeit produzierten wir gemeinsam große Erfolge, und aus einer anfänglichen Kooperation entwickelte sich eine Direktion. Nach rund vier Jahren erfolgreicher Zusammenarbeit entschloss ich mich, das Unternehmen und dessen Karriereplan so zu nutzen, wie es für uns alle vorgesehen war. Ich wechselte von der aktiven Arbeit in einen Passivstatus, genieße bis heute die Früchte meiner Arbeit und kann mich wieder uneingeschränkt meiner wahren Liebe hingeben, dem Training, der Beratung von Unternehmen und der Arbeit mit Menschen, die aus ihrem Leben etwas Besonderes machen möchten.

Was Sie von diesem Buch erwarten dürfen

Das Wissen aus meiner Arbeit im Strukturvertrieb möchte ich mit diesem Buch an Sie weitergeben. Außerdem geht es mir darum, das Mysterium Strukturvertrieb ein wenig aufzulösen. Ich schreibe dieses Buch nicht als ehemaliger Geschäftspartner oder als Berater eines Unternehmens, sondern aus der Sicht eines unabhängigen Unternehmensberaters.

Obwohl sich diese Darstellung im Wesentlichen mit dem Strukturvertrieb befasst, schließt sich damit die Anwendbarkeit auf horizontale Vertriebsformen nicht aus. Insbesondere auch für Agentur- und Stammorganisationen bietet das Buch sehr gute Ansätze und Möglichkeiten. Es richtet sich in allererster Linie an den neuen Geschäftspartner oder auch Interessenten. Noch zu gut kann ich mich an die Zeit erinnern, in der ich meine ersten Erfahrungen im Vertrieb gesammelt habe, und ich weiß um die unendlich vielen Fragen, die Sie bewegen und auch manches Mal nicht einschlafen lassen.

Dieses Buch ist so geschrieben, wie ich es zu Beginn und während meiner Laufbahn für meine Geschäftspartner und mich gerne gehabt hätte: als praxisbezogenes, komprimiertes Arbeitsbuch, ja als eine „Bedienungsanleitung für den Strukturvertrieb". Im ersten Teil lernen Sie die Grundlagen des Strukturvertriebs kennen, der zweite Teil vermittelt das wesentliche Know-how aus der Vertriebspraxis. Ein Glossar der wichtigsten Begriffe, ein Ranking der Strukturvertriebe und Literaturhinweise im Anhang runden die Darstellung ab.

Im Verlauf des Buches wächst der Inhalt vergleichbar mit Ihrer Entwicklung und den Sie damit erwartenden Aufgaben als Führungskraft einer Organisation. Die Darstellung erhebt nicht den Anspruch auf Vollständigkeit. Sie ist auf die wichtigen Grundlagen des Vertriebssystems ausgerichtet und lässt bewusst die Themen Motivation und Führung in einer detaillierten Betrachtung außer Acht. Für die Arbeit in einem so personenbezogenen Geschäft wie dem Vertrieb sind aber selbstverständlich Individualität, menschliche Nähe und die persönliche Erfahrung durch nichts zu ersetzen.

Ich wünsche Ihnen nun viel Freude beim Lesen, dem Aufspüren neuer Möglichkeiten und vor allem aber, dass auch Sie den Strukturvertrieb als das für sich entdecken, was er für mich war und immer sein wird: eine der großen Chancen unserer Zeit.

Hamburg, im Sommer 2004 *Stephan Scharfenorth*

Teil I
Grundlagen, Einstieg und Karriereschritte

Wenn Sie in den Strukturvertrieb einsteigen (möchten) oder schon erste Erfahrungen gesammelt haben, stellen Sie sich wahrscheinlich Fragen wie: Was unterscheidet den Strukturvertrieb von anderen Vertriebsformen, wie funktioniert er, könnte er für mich eine geeignete Tätigkeit darstellen, welche Aufstiegsmöglichkeiten bietet er? Antworten auf die wichtigsten Fragen zum Strukturvertrieb lesen Sie in diesem 1. Teil.

1. Was verbirgt sich hinter Strukturvertrieb, Network-Marketing und Multi-Level-Marketing?

Bereits in den frühen sechziger Jahren waren die ersten Strukturvertriebe in Deutschland und Europa zu finden. Inzwischen sind einige Unternehmen wie die Deutsche Vermögensberatung AG (DVAG), HMI, der AWD, OVB, die Futura Finanz, Bonnfinanz und viele mehr zu beachtlicher Größe angewachsen. Glücklicherweise stellt sich auch allmählich das längst überfällige Selbstbewusstsein der Vertriebe ein, und sie treten in der Öffentlichkeit professionell auf. Spätestens seit dem Börsengang des AWD ist der Strukturvertrieb halbwegs „salonfähig" geworden. Die nicht unbeachtliche Börsenkapitalisierung des AWD belegt, dass zumindest in einem Teil der Bevölkerung diese Branche ernst genommen wird und sie zunehmend an Bedeutung gewinnt.

Etwa zeitgleich mit dem Strukturvertrieb hat sich das Schwestersystem **Multi-Level-Marketing** (MLM) in unseren Landen angesiedelt. Heutzutage wird für Vertriebe dieser Art immer häufiger der Begriff **Network-Marketing (NM)** benutzt. Stellvertretend seien Amway, Avon und Herbalife als die vermutlich ältesten Unternehmen dieser Branche genannt.

Multi-Level-Marketing bezieht sich auf die Form der Organisation, nämlich die Strukturierung der Geschäftspartner beziehungsweise Vertriebspartner über mehrere Ebenen oder Generationen.

Network-Marketing beschreibt eine Vermarktungsstrategie über ein Netzwerk. Dieses Netzwerk besteht aus dem persönlichen Umfeld der Vertriebspartner und erweitert sich jeweils durch die Einbindung neuer Partner und von deren Netzwerken.

Strukturvertrieb bedeutet nichts anderes, als dass über eine Struktur vertrieben wird.

Ob Network-Marketing, Strukturvertrieb oder MLM – im Grunde beschreiben diese Begriffe fast identische Systeme: Vertriebsformen, die über multiple Ebenen organisiert sind, mit Netzwerken arbeiten und somit einen strukturierten Vertrieb darstellen.

Hinweis: Im Strukturvertrieb existiert eine Unmenge von Bezeichnungen für die Vertriebspartner oder Mitarbeiter der Unternehmen. In diesem Buch wird die Bezeichnung **Geschäftspartner** gewählt, weil sie dem Charakter der Geschäftsbeziehung am ehesten gerecht wird.

2. Wie funktioniert Network-Marketing?

Im Network-Marketing tritt der Geschäftspartner als Einzelhändler auf, der in erster Linie sein Umfeld (Netzwerk) mit Produkten beliefert. Diese Produkte erwirbt er zu einem einheitlichen Einkaufspreis und veräußert sie mit einer empfohlenen Handelsspanne. Der Vertriebspartner wird darüber hinaus ermutigt, neue Geschäftspartner aus seinem Umfeld zu werben. Der neue Geschäftspartner profitiert zum einen davon, dass er die Produkte für seinen Eigenbedarf jetzt ebenfalls zum Einkaufspreis beziehen kann, und zum anderen ist es ihm auch möglich, wiederum neue Geschäftspartner zu werben. Im Laufe der Zeit entstehen so gewaltige Strukturen mit teilweise mehreren hunderttausend Vertragshändlern, sprich einem riesigen Verbrauchernetzwerk. Im Vordergrund steht hier weniger der Verkauf des Produkts an sich, als vielmehr das Teilen einer positiven Produkterfahrung und die Möglichkeit des Geschäftspartners, für seine Empfehlung honoriert zu werden.

Haben Sie schon einmal einen guten Kinofilm gesehen, hervorragend in einem Lokal gespeist oder einen exquisiten Wein getrunken und im Anschluss Ihren Freunden von dieser schönen Erfahrung erzählt? Sicherlich! Es ist die normalste Sache der Welt. Nur stellt sich die Frage, ob Sie auch honoriert wurden, wenn aufgrund Ihrer Empfehlung ein neuer Kunde gewonnen werden konnte.

Im Network-Marketing wird dieses gängige Verbraucherverhalten in ein professionelles Vertriebssystem gebettet, wodurch es bis zu einem gewissen Grad steuerbar wird. Ein hervorragender Ansatz, der gerade bei der Einführung neuer Produkte einen gewaltigen Vorteil darstellt. Es müssen keine neue Vertriebswege gefunden werden, sondern man kann auf ein bestehendes Netzwerk zurückgreifen und in kürzester Zeit unglaubliche Umsätze generieren.

Die Einschränkung: Die Einfachheit des Systems, die Wachstumsgeschwindigkeit und die Menge an Geschäftspartnern erlauben nicht den Vertrieb von beratungsintensiven Produkten. Die zu vertreibenden Produkte müssen einfach, verständlich und für jedermann auf Anhieb nachvollziehbar sein.

Die Marketingpläne der NM-Unternehmen sehen neben der Handelsspanne für den Direktverkauf auch eine prozentuale Vergütung der generierten Umsätze des Netzwerkes vor. Diese Vergütung wird auf die jeweiligen Umsätze der einzelnen Generationen bezahlt. Die Vergütungshöhe und die Anzahl der berechtigten Generationen ist abhängig von der erreichten Stufe im Marketingplan. Voraussetzung für die Beteiligung an den Umsätzen ist eine persönliche Qualifikation in Form diverser Umsatzvorgaben, die entweder durch den Eigenverbrauch gedeckt werden können oder durch verschiedene andere Möglichkeiten. Diese Qualifikationsarten sind äußerst komplex, derart vielfältig und von Unternehmen zu Unternehmen so unterschiedlich, dass eigentlich für jeden dieser Marketingpläne ein eigenes Buch notwendig wäre.

Abgesehen von wenigen Ausnahmen wird im Network-Marketing der Persönlichkeitsentwicklung der Geschäftspartner keine große Bedeutung beigemessen und sie dementsprechend leider vernachlässigt. Gerade dieser Bereich in Verbindung mit den Grundlagen der Führung ist jedoch unerlässlich und von zentraler Bedeutung für den Aufbau großer Organisationen. Fehlt diese Basis, beruht eine Karriere im Network-Marketing letztlich auf einem günstigen Zufall, gepaart mit viel Fleiß und großem Glück.

Fazit: Network-Marketing ist eine hervorragende Geschäftsgelegenheit für alle Schichten der Gesellschaft. Es hat inzwischen sehr viele Einkommensmillionäre hervorgebracht. Allerdings ist Network-Marketing nur für den nebenberuflichen Einstieg geeignet, und ein neuer Geschäftspartner sollte ausreichend Geduld mitbringen.

3. Wie unterscheiden sich Network-Marketing und Strukturvertrieb?

Landläufig wird Strukturvertrieb immer mit Finanzdienstleistungen in Verbindung gebracht. Das ist auch richtig, da der Großteil aller Strukturvertriebe in Europa Finanzdienstleister sind. Aber auch andere Produkte werden im Strukturvertrieb veräußert. Inzwischen findet man auch vereinzelt Mischformen aus klassischen Strukturvertrieben und Network-Marketing-Unternehmen am Markt.

Wie bereits erwähnt ist der Strukturvertrieb in seiner Arbeitsweise dem Network-Marketing sehr ähnlich. Der wesentliche Unterschied liegt darin, dass es das erklärte Ziel aller Strukturvertriebe ist, nebenberufliche Geschäftspartner so schnell wie möglich zu Verkäufern auszubilden und sie in die Hauptberuflichkeit zu führen. Auch die Produktwahl fällt anders aus. Strukturvertriebe konzentrieren sich in der Regel auf relativ beratungsintensive Produkte, die ein hohes Maß an Einkommen mit sich bringen. Das ist auch der besondere Vorteil von Strukturvertrieben gegenüber Network-Marketing-Unternehmen. Ein gut ausgebildeter Verkäufer ist immer in der Lage, sich durch seine eigenen Verkäufe zu finanzieren, und er ist nicht auf die Provisionen seiner Geschäftspartner angewiesen.

Geschäftspartner von Strukturvertrieben treten nicht wie im Network-Marketing überwiegend als Einzelhändler auf, sondern sie üben eine reine Vermittlerfunktion aus. Sie vermitteln ein Geschäft zwischen dem Endverbraucher und dem Produkthersteller oder Initiator und erhalten dafür eine Provision. Diese Provisionen werden je nach Produktart und Vergütungssystem als einmalige Abschlussprovision, monatliche Folgeprovision oder in einer Kombination bezahlt. Die Höhe dieser Provisionen wird ebenfalls durch einen Karriereplan geregelt und ist abhängig von der jeweilig erreichten Stufe. Die Produktwahl und die damit notwendigen Fähigkeiten der Verkäufer nehmen unmittelbar Einfluss auf die Anzahl der Geschäftspartner und das Wachstum des Unternehmens.

Der Ansatz der Strukturvertriebe verhält sich völlig konträr zum Network-Marketing. Network-Marketing ist sozusagen ein Geschäft für und mit der Masse. Der Strukturvertrieb bewegt mit vergleichsweise wenigen Geschäftspartnern sehr hohe „Pro-Kopf-Umsätze". Umsätze von teilweise mehreren hunderttausend Euro pro Geschäftspartner sind in der Finanzdienstleistungsbranche nicht ungewöhnlich. Alleine diese Tatsache verdeutlich auch die Notwendigkeit einer umfassenden Ausbildung und engen Einbindung der Geschäftspartner.

Im weiteren Verlauf dieses Buches wird keine Differenzierung mehr zwischen Network-Marketing und Strukturvertrieb vorgenommen. Die folgenden Ausführungen gelten gleichermaßen für beide Vertriebsformen.

4. Warum ist diese Art des Vertriebs so erfolgreich und wie funktioniert sie?

Die Wirtschaft funktioniert nur dann, wenn Waren, Produkte und Dienstleistungen vom Hersteller zum Verbraucher transportiert werden. Und schon immer hat dabei derjenige gewonnen, der in der Lage war, es am besten und schnellsten zu realisieren und diesen Prozess ebenso schnell oder schneller zu wiederholen.

Keine andere Industrie, und dieser Begriff ist ganz bewusst gewählt, ist in der Lage, so effektiv und erfolgreich zu arbeiten wie der Strukturvertrieb. Er schafft enorme Mehrwerte, produziert traumhafte Karrieren und wird nach meiner Prognose eine der wichtigsten Vertriebformen der nahen Zukunft sein.

Die Entstehung und Entwicklung solcher Unternehmen ist fast immer ähnlich. Der überwiegende Teil wird von ehemaligen Führungskräften konkurrierender Vertriebe gegründet. Seltener bedienen sich „klassische Unternehmer" dieser Vertriebsform. Das Unternehmen schließt Verträge mit Produktinitiatoren ab, handelt Provisionssätze und Modalitäten aus, die man als Einzelunternehmer in dieser Art und Höhe nie gewährt bekäme, und entwickelt einen Karriere- oder Marketingplan. Auch diese Karrierepläne sind bis auf wenige Details fast immer identisch. Somit sind natürlich ebenfalls die Karrieremöglichkeiten in fast allen Unternehmen ähnlich, zumindest in der Theorie.

Entscheidend für den langfristigen Erfolg eines Unternehmens und seiner Geschäftspartner sind selbstverständlich ein gutes Gespür für Märkte, die betriebswirtschaftlichen Fähigkeiten der Verantwortlichen und vor allem ein marktgerechtes Produkt.

Nicht zuletzt gilt auch hier: Je mehr Eigenkapital vorhanden ist, um so sicherer ist der langfristige Erfolg des Unternehmens.

Neben dem Innendienst und der Geschäftsleitung ist gerade ein motivierter und gut ausgebildeter Vertrieb für den Erfolg des Unternehmens unabdingbar. Das Thema Ausbildung muss einen hohen Stellenwert einnehmen, sollte aber auch nicht überbewertet werden. Es ist nicht notwendig, beispielsweise nur mit Akademikern zu arbeiten. Es versteht sich jedoch von selbst, dass die Geschäftspartner des Vertriebs über das erforderliche Fachwissen verfügen müssen und auch in der Lage sein sollten, es sinnvoll einzusetzen.

Das Unternehmen bindet, je nach Arbeitsweise, angestellte oder freiberufliche Geschäftspartner an sich. Die Aufgabe dieser Geschäftspartner besteht im Grunde nur aus drei Bereichen:

- Produkte zu verkaufen,
- neue Geschäftspartner zu rekrutieren,
- diese anschließend einzuarbeiten und auszubilden.

An dieser Stelle ist es auch Zeit, den Strukturvertrieb unbedingt von Gewinnspielen und Schneeball- oder Pyramidensystemen abzugrenzen.

5. Was unterscheidet den Strukturvertrieb von Gewinnspielen und Schneeballsystemen?

Auf den ersten Blick ist der Aufbau eines Strukturvertriebs dem von illegalen Gewinnspielen und -systemen sehr ähnlich. Es werden stetig neue Geschäftspartner geworben, und es entsteht im Laufe der Zeit eine pyramidenartige Struktur.

Diese Struktur finden Sie in jedem Unternehmen dieser Welt, das Mitarbeiter beschäftigt und über mehrere Abteilungen verfügt. Der Vorstand einer AG dirigiert die Verantwortlichen einzelner Unternehmensbereiche, diese wiederum ihre Abteilungsleiter und die Abteilungsleiter die Mitarbeiter.

Der wesentliche Unterschied zwischen Strukturvertrieben und den Schneeballsystemen liegt darin, dass bei den letztgenannten nur Geld bewegt wird, ohne dass gleichzeitig eine Ware oder Dienstleistung ihren Besitzer wechselt. Der Sinn dieser Schneeballsysteme begründet sich darin, dass Menschen mit unüblich hohen Gewinnversprechen geködert werden und dafür Geld einzahlen müssen. Dieses Geld geht zu geringen Teilen an diejenigen, von denen sie angeworben wurden, und ein nicht unbeträchtlicher Teil landet bei den Initiatoren dieser Spiele und Systeme. Der mit diesen Versprechen Geworbene muss nun wiederum Menschen werben, die ebenfalls Geld einzahlen, um seinen Einsatz wieder hereinzuholen und einen entsprechenden Gewinn zu erzielen.

Dieses Spiel läuft so lange, bis entweder die Staatsanwaltschaft dem Ganzen einen Riegel vorschiebt oder der Geworbene, getreu dem Motto: „Den Letzten beißen die Hunde", keine neuen Menschen findet, die bereit sind, Geld einzuzahlen.

Solche Schneeballsysteme basieren letztlich auf reiner Mathematik, und die Folgen sind bereits im Vorfeld absehbar. Das Resultat bleibt immer das gleiche: Der Initiator hat die Taschen prall gefüllt und wandert vermutlich ins Gefängnis. Nur circa 20 Prozent haben damit Geld verdient und ihren Bekanntenkreis ruiniert, 80 Prozent sehen ihr Geld nie wieder – und alle Beteiligten haben sich strafbar gemacht.

Der Strukturvertrieb hingegen verdient sein Geld ausschließlich dadurch, dass aufgrund eines Verkaufs- oder Beratungsgesprächs ein Produkt oder eine Dienstleistung verkauft wird, also der Käufer einen realen Gegenwert erhält. Folglich ist der Strukturvertrieb nichts anderes als eine beliebige Anzahl an Verkäufern, die aufgrund eines Karriereplans an ihren eigenen und den Umsätzen ihrer Geschäftspartner partizipieren.

6. Warum partizipieren die Geschäftspartner an den Umsätzen der von ihnen geworbenen Vertriebspartner?

Weil genau dieser Punkt den Strukturvertrieb zu dem macht, was er ist: eine Chance für jeden, innerhalb eines Unternehmens sein eigenes aufzubauen und gemeinsam große Erfolge zu produzieren.

Auf der anderen Seite ist die Gewinnung und Ausbildung von Verkäufern für ein Unternehmen eine zeitaufwändige und kostenintensive Angelegenheit. Insofern ist es aus meiner Sicht der cleverste Weg, wenn diese Bereiche in die Hände der jeweiligen Geschäftspartner gelegt werden. Das Unternehmen sichert die notwendige fachliche und persönliche Ausbildung durch Fachleute ab, und die Geschäftspartner geben wichtiges Praxiswissen und ihre Erfahrungen direkt an die von ihnen geworbenen Geschäftspartner weiter. Praxis ist eben nur aus erster Hand sinnvoll und sollte deshalb auch nur von Menschen vermittelt werden, die wissen, worüber sie reden, weil sie es tagtäglich selber machen. Nicht zu vergessen ist auch der Aspekt der Verantwortung für den Erfolg seiner Geschäftspartner, der gleichermaßen auch zur eigenen persönlichen Entwicklung beiträgt.

Im Regelfall werden Strukturvertriebe immer als Unternehmen gesehen, die eine Heerschar an Geschäftspartnern durch die Lande schicken und damit eine Unmenge an Produkten verkaufen. Sicherlich ist diese Betrachtungsweise richtig, aber nicht die einzige. Wie alles im Leben hat auch diese Vertriebsform eine zweite Seite, die gerne außer Acht gelassen wird.

Versetzen Sie sich doch einmal in die Lage der Geschäftspartner. Der Versuch, sich selbstständig zu machen, ist in der Regel mit einem enormen finanziellen Aufwand verbunden. Zur Existenzgründung gehören außerdem administrative Belange wie zum Beispiel Büroorganisation, Abrechnungssysteme, Wettbewerbe, Verbandszugehörigkeiten und vieles mehr. Ein Strukturvertrieb übernimmt alle diese Aufgaben für seine Geschäftspartner und bietet ihnen eine erprobte Plattform zum Einstieg in die Selbstständigkeit. Folglich ist jeder Geschäftspartner ein selbstständiger Unternehmer, der in allen Belangen unterstützt und gefördert wird und dem es frei steht, wie jedem anderen Unternehmer auf dieser Welt, ebenfalls mit Geschäftspartnern zu arbeiten und an deren Ergebnissen zu partizipieren.

7. Welche Berührungspunkte gibt es zwischen Strukturvertrieb und Franchising?

Lassen Sie uns einen kleinen Exkurs in das Franchising unternehmen und betrachten wir die Funktionsweise und Rahmenbedingungen eines solchen Unternehmens. McDonald's beispielsweise, einer der bekanntesten Franchiser, bietet Unternehmern die Möglichkeit, ein weltweit erfolgreiches Konzept umzusetzen. Im Gegenzug dafür sind die Unternehmer verpflichtet, alle Waren über McDonald's zu beziehen und die gleichen Verarbeitungsmethoden anzuwenden. Bis hin zur Kleidung der Mitarbeiter ist alles vorgegeben. McDonald's kann so sicherstellen, dass in jeder Filiale auf dieser Welt, wo auch immer sie stehen mag, eine gleichbleibend hohe Qualität geliefert wird. Der Unternehmer profitiert von einem erfolgreichen und tausendfach erprobten Marketingkonzept und zahlt dafür neben einer Franchisegebühr auch eine Umsatzbeteiligung an die Muttergesellschaft.

Sie sehen, der Unterschied ist nicht sonderlich groß. Oberflächlich betrachtet sind Franchiser nichts anderes als Strukturvertriebe.

8. Woher kommt der schlechte Ruf des Strukturvertriebs und wie berechtigt ist er?

Zugegeben: Die Branche verfügt über einen nicht sonderlich guten Ruf. Woher kommt aber dieser schlechte Ruf, wenn es denn so ein tolles Vertriebssystem ist? Diese Frage lässt unzählige Antworten zu, und ich werde Ihnen hier die wichtigsten geben.

Wie alle Bereiche der Wirtschaft, so hat auch diese Industrie weiße und schwarze Schafe, unzählige hervorragende aber auch unseriöse Produkte und Unternehmen zu bieten. Die Wahrscheinlichkeit, auf unseriöse Berater, Produkte oder Unternehmen zu stoßen, ist sicherlich nicht gering. Meiner Meinung nach können jedoch 99 Prozent durch die Nutzung des gesunden Menschenverstands sehr schnell erkannt werden. Oftmals ist nicht das Produkt oder die Dienstleistung, sondern die Art und Weise des Einsatzes und der gewählten Kunden das eigentliche Problem.

Aus diesem Grund möchte ich Sie als Interessenten oder auch langjährigen Mitarbeiter in dieser Branche wachrütteln: Setzen Sie Ihren gesunden Menschenverstand ein, immer und immer wieder! Die Tatsache, dass auch Staatsanwälte und andere Juristen zum Beispiel auf illegale Schneeballsysteme oder andere unseriöse Angebote hereinfallen, lässt sich nur mit einer Aussage begründen: Gier frisst Hirn!

Auf der anderen Seite wird der Strukturvertrieb immer wieder dann als übles System bezeichnet, wenn wieder einmal ein Kunde falsch beraten wurde oder er seine Kaufentscheidung bereut. Dabei sollte man beachten: Ein Strukturvertrieb lebt von Menschen, wie jedes andere Unternehmen auch. Vermeintliche oder auch tatsächliche Falschberatungen werden immer von einer Einzelperson verübt und lassen demzufolge noch keinen Schluss auf das Unternehmen an sich, die anderen Geschäftspartner oder die gesamte Branche zu.

Es kann vorkommen, dass auch Banken, Versicherungen, Bausparkassen und andere Institute Kunden einmal falsch beraten. Nur werden diese Verfehlungen noch zu selten gerügt beziehungsweise publiziert. Ein Teil der Menschheit verfügt nun einmal über ein gewisses Maß an krimineller Energie und lebt sie aus, egal wann und wo. Darauf Einfluss zu nehmen ist letztlich eine Sache der Justiz. Jedoch sind alle mir bekannten seriösen Vertriebe unnachgiebig im Bereich der kaufmännischen Sorgfaltspflicht und verlangen diverse Auskünfte von neuen Geschäftspartnern, angefangen bei der Schufa-Auskunft über einen Auszug aus dem Gewerbezentralregister bis hin zum Führungszeugnis.

Fazit: Wird ein Kunde wissentlich falsch beraten oder betrogen, so ist es unerheblich, ob der Berater in einem Strukturvertrieb arbeitet, in einer Bank, einer Versicherung oder wo auch immer. Solche Verfehlungen sind eine Frage des Charakters, der ethischen Werte eines Einzelnen, und er hätte es höchstwahrscheinlich in jeder anderen Funktion ebenso getan, um sich einen Vorteil zu verschaffen.

Anzumerken ist auch, dass insbesondere die großen deutschen Vertriebe in den vergangenen Jahren extrem viel Geld und „Know-how" in die Ausbildung ihrer Geschäftspartner investiert haben.

Die größten Kritiker und Verursacher des schlechten Images von Strukturvertrieben sind jedoch deren gescheiterte Geschäftspartner. Ein möglicher Grund könnte darin liegen, dass keine andere Unternehmensform so gnadenlos ehrlich ist. Unzählige Menschen schaffen es, sich mit unzureichendem Arbeitseinsatz und mangelnder Ausdauer durch ihr Arbeitsleben zu mogeln, ohne dass sie dabei ertappt werden. Im Strukturvertrieb ist genau das nicht möglich. Nur wer fleißig ist und kontinuierlich hart arbeitet, der verdient auch Geld.

Wer sich dagegen nicht anstrengt, der verliert. Leider besitzen zu wenige Menschen ausreichend Charakter, diesen Umstand zu respektieren und die Gründe ihres Scheiterns auch vor der eigenen Haustür zu suchen. Sicherlich gibt es auch an dieser Stelle Ausnahmen, jedoch sind diese sehr selten. Ich habe es selbst zu oft bei meinen Mitarbeitern und Geschäftspartnern erlebt. Und um der Ehrlichkeit Genüge zu tun, auch ich habe mich von Zeit zu Zeit bei diesen Gedanken ertappt.

Der zwischenzeitliche Zweifel ist erlaubt und auch gewollt, nur darf man nicht die Augen vor der Realität verschließen. Erfolg kennt keine Namen, nur Aktivitäten, und wenn andere im gleichen Unternehmen erfolgreich sind, dann gibt es keine Ausreden! Wir alle besitzen ein vergleichbares genetisches Potenzial, der Rest liegt bei Ihnen.

Der Strukturvertrieb ist noch nicht sonderlich alt, und aus diesem Grunde müssen alle, die sich dieses Systems bedienen, immer wieder Überzeugungsarbeit leisten. Es existiert eine einfache Regel, die diesen Zustand erklärt: „Alles Neue wird anfänglich belächelt, später bekämpft und letztlich allgemein anerkannt!"

Nehmen wir nur einige Beispiele:

➤ Die Erfindung des Automobils wurde zu ihrer Zeit nicht unbedingt als Glanzleistung gesehen. Es war viel Mut und Beharrlichkeit in Anbetracht der Anfeindungen, Verhöhnungen und Behinderungen vonnöten, damit das Auto den Stellenwert erlangen konnte, den es heute hat. Inzwischen ist eine Welt ohne Autos unvorstellbar.

➤ Die Einführung des Mikrowellen-Herdes brachte Menschen auf die Barrikaden. Heute ist er in nahezu jedem Haushalt zu finden.

➤ Bei der angekündigten Umstellung des Postleitzahlensystems wurden Bürgerinitiativen gegründet. Heute leben alle gut mit den fünf Zahlen.

Wann immer Sie also mit solchen Widerständen zu kämpfen haben, denken Sie einfach an die Worte von Konrad Adenauer:

> „Nehmen Sie die Menschen, wie sie sind, andere gibt's nicht."

9. Was passiert, wenn der Markt gesättigt ist?

Der Großteil aller Vertriebe bedient sich in der Theorie der so genannten Fünfermatrix. Das bedeutet nicht mehr, als dass jedem Geschäftspartner empfohlen wird, mit mindestens fünf Direkten (Geschäftspartnern) zu arbeiten und dieses zu duplizieren. An dieser Stelle taucht sehr häufig die Frage auf:

„Es ist ein tolles und offensichtlich boomendes Geschäft. Was passiert, wenn es irgendwann jeder macht, der Markt gesättigt ist und ich dann keine neuen Geschäftspartner mehr finde? Schließlich ist Ihr Unternehmen ja auch nicht das einzige am Markt."

Tatsächlich ist es so, dass bereits in der 11. Generation des Vertriebssystems die Gesamtbevölkerung Deutschlands mehr als überschritten würde. Glücklicherweise reguliert die Eigenart des Menschen dieses Problem selbstständig. Die Vielzahl der Menschen ist entweder zu bequem oder gedanklich zu unflexibel, um – außer als Kunde – vom Strukturvertrieb zu profitieren. Außerdem ist es auch nicht notwendig, hunderttausende Geschäftspartner in seiner Organisation zu zählen, um ein erfolgreiches und glückliches Leben zu führen. Schauen Sie sich folgende Beispiele an:

➤ Die DVAG als größter deutscher Finanzdienstleistungsvertrieb mit derzeit rund 30 000 Vermögensberatern ermöglicht unzähligen Führungskräften ein mehr als schönes Leben, brachte eine Vielzahl an Einkommensmillionären zustande und machte den noch immer amtierenden Vorstandsvorsitzenden Dr. Reinfried Pohl zum Milliardär.

- Markus Lehmann wurde mit Herbalife zum vermutlich erfolgreichsten „Networker" in Europa.
- Carsten Maschmeyer verschaffte mit der Gründung des AWD rund 6 500 Menschen die Basis für ein erfolgreiches Leben und wurde damit selbst sehr wohlhabend.
- Hubert Blum, Direktionsmanager der Futura Finanz AG, wurde mit rund 2 000 Geschäftspartnern zum Multimillionär.
- Rolf Kipp, Vertriebspartner von Forever Living, durchbrach im April 2002 mit seiner Provisionsauszahlung die 500 000-Euro-Marke.
- Die Global Finanz AG vermittelte im Jahre 2003 mit circa 300 Beratern 593 Millionen Euro Neugeschäft und konnte im Verlauf eines Jahres ihren Stamm auf 350 Finanzplaner ausbauen.
- Ganz zu schweigen von den unzähligen Führungskräften, die über sehr attraktive sechsstellige Jahreseinkünfte verfügen, oder den Zehntausenden, die im Strukturvertrieb monatlich teilweise mehrere tausend Euro im Nebenberuf verdienen.

Betrachten wir auch andere Bereiche, zum Beispiel den Telekommunikationsmarkt. Nach inzwischen fast sechs Jahren der Deregulierung, der Eröffnung des freien Wettbewerbs befinden sich in einigen Sparten noch immer bis zu 95 Prozent aller Kunden in den Händen der Deutschen Telekom. Das heißt, rund 38 Millionen Kunden haben ihren Anbieter, aus welchem Grunde auch immer, noch immer nicht gewechselt!

Sehr viele Märkte sind noch immer weit offen, und jede zusätzliche Innovation bietet neue Chancen. Nicht ein Strukturvertrieb dieser Welt und auch nicht alle zusammen wären in der Lage, nur ansatzweise mit dem Bevölkerungswachstum Schritt zu halten und alle Kunden zu beraten, geschweige denn sie zu Geschäftspartnern zu machen. Alleine schon der stete Generationswechsel und die Vielzahl derer, die gerade heute volljährig und damit potenzielle Kunden werden, begründen ein unerschöpfliches Potenzial.

10. Wie funktionieren die Marketing- und Karrierepläne?

Wie viel Sie mit einer Tätigkeit im Strukturvertrieb verdienen, hängt von verschiedenen Faktoren ab, nicht zuletzt von dem Marketing- oder Karriereplan Ihres Unternehmens. Der Marketing- oder Karriereplan regelt die Stellung der Mitarbeiter zueinander, definiert die Bedingungen für Beförderungen in die einzelnen Stufen und bestimmt letztlich die Höhe der Vergütung.

Vergütungs- und Karrierepläne gibt es vermutlich ebenso viele, wie es Unternehmen gibt. Es wäre also ein hoffnungsloses Unterfangen, auch nur ansatzweise den Versuch zu unternehmen, alle Varianten darzustellen. Deshalb wird im Folgenden jeweils ein Beispiel für den Strukturvertrieb und eines für das Network-Marketing vorgestellt.

10.1 Die Karrierepläne der Strukturvertriebe

Der klassische und in fast jedem Strukturvertrieb vorzufindende Karriereplan basiert auf dem System der Provisionsteilung. Das Unternehmen erhält vom Produktinitiator für jedes verkaufte oder vermittelte Produkt eine Provision, die nach Abzug der Unternehmensmarge an den Vertrieb ausgezahlt wird. Diese Vertriebsprovision wird mittels eines Teilungsschlüssels an die berechtigten Geschäftspartner verteilt. Das Teilungsverhältnis wird im Rahmen des Karriereplans und von dessen Bestimmungen geregelt. Die Vergütungshöhe des einzelnen Geschäftspartners ist von dessen erreichter Stufe und diese wiederum von den erzielten Umsätzen abhängig.

Annähernd alle Vertriebe verwenden ein **Einheiten- oder Punktesystem** für die Berechnung der Provisionen und Stufenqualifikation. Anhand verschiedenster Berechnungsformeln werden die Umsätze der Geschäftspartner in eine interne „Währung" konvertiert. Diese Umrechnungssysteme vereinen zwei Vorteile in sich und sind insbesondere dann notwendig, wenn mehrere Produkte verkauft werden. Zum einen ist die Provisionsberechnung für beide Seiten um ein Vielfaches einfacher, und zum anderen besitzt man einen eindeutigen Zähler für die Stufenqualifikation.

Hier ein **Beispiel für einen Karriereplan**

106 €/EH 41 000 EH	106 − 94 = 12 €/EH 15,3 EH · 12 €/EH = 183,60 €
94 €/EH 13 500 EH	94 − 80 = 14 €/EH 15,3 EH · 14 €/EH = 214,20 €
80 €/EH 4 500 EH	80 − 60 = 20 €/EH 15,3 EH · 20 €/EH = 306,00 €
60 €/EH 1 500 EH	60 − 40 = 20 €/EH 15,3 EH · 20 €/EH = 306,00 €
40 €/EH 750 EH	40 − 30 = 10 €/EH 15,3 EH · 10 €/EH = 153,00 €
30 €/EH ab 300 EH	30 − 20 = 10 €/EH 15,3 EH · 10 €/EH = 153,00 €
20 €/EH bis 300 EH	15,3 EH · 20 €/EH = 306,00 €

Dieser Karriereplan umfasst sieben Stufen von 20 €/EH bis 106 €/EH. EH steht dabei für Einheiten. Berater Max Mustermann befindet sich in der Stufe 20 €/EH. Er generiert einen Umsatz mit der Bewertung von 15,3 Einheiten und erhält dafür eine Provision in Höhe von 20 Euro pro Einheit. In der Theorie erhält jedoch zunächst der Strukturhöchste, in diesem Fall die Stufe 106 €/EH, die gesamte Provision, zieht seine Differenz von 12 €/EH ab und gibt die verbleibenden 94 €/EH an seinen direkten Mitarbeiter weiter. Dieser wiederum behält seine Differenzprovision von 14 €/EH ein und gibt jetzt 80 €/EH an seinen Direkten weiter. Diese Provisionsweitergabe wird so lange fortgesetzt, bis der Verursacher dieser Provision erreicht wurde. Wäre der Verkäufer zum Beispiel auf der 60er-Stufe, so würde natürlich der Provisionsstrom auch bei ihm enden. Selbstverständlich wird er für seinen eigenen Umsatz mit den vollen 60 €/EH vergütet.

Dieses System wird in der Praxis so nicht angewendet. Die Berechnung und Verteilung der Provision für den Verkäufer des Produkts und die daraus resultierenden Differenzprovisionen seiner Führungskräfte werden durch das Unternehmen durchgeführt. Diese Abrechnungsprozesse nehmen sehr schnell gewaltige Ausmaße an und sind deshalb manuell fast nicht durchzuführen. Weiterhin besteht bei der manuellen Verteilung innerhalb der Struktur durchaus die Gefahr, dass Provisionen unter Umständen nicht weitergeleitet werden. Sicherlich stellt die Anschaffung einer Abrechnungssoftware nicht gerade eine Kleinigkeit dar, jedoch sollte sie zum Wohle aller Beteiligten eine der ersten Investitionen sein.

Bei der Betrachtung von Karriereplänen entsteht bei neuen Geschäftspartnern immer folgende Frage:

„Dieses Karrieresystem hat sieben Stufen. Was passiert, wenn ein achter, neunter oder gar zehnter Geschäftspartner dazukommt, und wie partizipiere ich an ihnen?"

Vorab ist erst einmal festzustellen, dass nie mehr als 100 Prozent ausgezahlt werden können. Oder doch? Ein seriöser Karriereplan ist immer mit zusätzlichen Optionen und Bedingungen ausgestattet, die für das dauerhafte Funktionieren und, wenn erforderlich, auch für eine „Selbstreinigung" des Systems sorgen.

Beginnen wir mit den **Bedingungen**:

1. Der neue Geschäftspartner erhält erst dann eine Differenzprovision an den von ihm rekrutierten Geschäftspartnern, wenn er mindestens die zweite Stufe des Karriereplans erreicht hat. In diesem Falle würde er für seine eigenen Umsätze statt anfänglich 20 jetzt 30 €/EH erhalten. Es entsteht automatisch eine Differenz von 10 €/EH. Letztendlich ist es die Aufgabe des Betreuers, dafür zu sorgen, dass diese Stufe schnellstmöglich und ohne Verluste erreicht wird.

2. Ab einer bestimmten Stufe greift eine Klausel, die sich auf die Umsatzverteilung innerhalb der eigenen Struktur bezieht. Diese Klausel finden wir fast immer als so genannte 50-Prozent-Klausel vor. Sie besagt, dass Sie nur dann in die nächsthöhere Stufe befördert werden, wenn der dazu erforderliche Umsatz zu nicht mehr als 50 Prozent aus einer Strukturlinie stammt.

    Beispiel: Sie benötigen 13 500 Einheiten für die Stufe 6 (94 €/EH). Ihre stärkste Struktur produziert 10 000 EH und stellt somit 74 Prozent der erforderlichen Umsätze dar. Von diesen 10 000 EH werden Ihnen jedoch nur 6 750 EH für die Qualifikation angerechnet. Die verbleibenden 6 750 EH müssen Sie entweder durch eigene Umsätze oder mit Ihren anderen Strukturlinien erreichen. Gelingt Ihnen das nicht, so werden Sie auch nicht befördert. Im schlimmsten Falle könnten Sie sogar von Ihrem direkten Mitarbeiter überholt werden, sofern er die erforderliche Qualifikation erreicht.

    Diese Klausel sichert das langfristige Funktionieren und das Einkommen aller Beteiligten des Systems. Der Strukturvertrieb ist keine Spielwiese für Menschen, die einmal einen Treffer landen wollen, um sich im Anschluss sorgenfrei in der Karibik zu tummeln. Auf der anderen Seite sei zu Ihrer Beruhigung gesagt: Diese Klausel wird Sie nie betreffen, wenn Sie Ihre Arbeit richtig machen. Rekrutieren Sie genügend Mitarbeiter, und Sie werden in Ruhe schlafen können.

3. Je nach Ausgestaltung des Karriereplans ist mitunter eine einmalige oder auch regelmäßige Bestätigung der erreichten Stufe notwendig.

Neben diesen Bedingungen, die natürlich von Unternehmen zu Unternehmen variieren können, existieren zusätzliche Optionen für die Top-Führungskräfte.

Stellen Sie sich einmal Folgendes vor: Sie arbeiten mehrere Jahre in einem Vertrieb, geben Ihr Bestes, fördern Ihre Mitarbeiter, machen diese erfolgreich und erreichen eines Tages die höchste Position des Karriereplans. Ungefähr ein Jahr später gelingt es einem Ihrer Geschäftspartner ebenfalls, die höchste Stufe zu erreichen. Das hätte zur Folge, dass Sie an dieser Strukturlinie keinen Cent mehr verdienen würden. Und es geht hier nicht um 500 Euro, sondern durchaus um mehrere zehntausend oder gar mehr Euro, die Sie monatlich verlieren würden. Genau in diesem Moment würde der Sinn des Strukturvertriebs vollständig zunichte gemacht werden. Ihre wichtigste Aufgabe als Führungskraft ist die, Ihre Geschäftspartner erfolgreich zu machen. Nur wer würde mit einer solchen Perspektive diese Aufgabe übernehmen? Vermutlich niemand. Vielmehr würden Sie alles unternehmen, um Ihrem Mitarbeiter den Weg in diese letzte Stufe unmöglich zu machen.

Um genau diesem Zustand vorzubeugen, existieren unterschiedlich geartete Bonus- oder Rentensysteme, die Ihren Einkommensverlust kompensieren. Diese Systeme sehen zusätzliche Provisionen für eine Stufengleichheit vor und können mehrere höchste Stufen untereinander ausgleichen. Sicherlich ist diese Overhead-Provision der Höhe nach nicht mit den normalen

Differenzen zu vergleichen, jedoch relativiert sie sich durch das zwangsläufig höhere Umsatzvolumen. Vereinzelt steht Ihnen auch der Weg als Aktionär oder Gesellschafter des Unternehmens frei.

10.2 Die Marketingpläne im Network-Marketing

Die Marketingpläne der Network-Marketing-Unternehmen sind mit denen der Strukturvertriebe nicht zu vergleichen. Sie sind weitaus komplexer und mit sehr vielen Details versehen, die im ersten Moment jeden neuen Geschäftspartner zur Verzweiflung bringen. Einige Pläne wurden sogar von Universitäten entwickelt und sind derart unübersichtlich aufgebaut, dass sie auch nach einigen Jahren der erfolgreichen Arbeit von vielen Geschäftspartnern nicht vollständig verstanden werden. Es ist auch nicht unbedingt wichtig, solange man weiß, was für die monatliche Qualifikation zu unternehmen ist.

Im Network-Marketing werden Sie mit verschiedenen **Einkommensarten** bezahlt. Bei Unicity Europe Inc. stellen sich diese beispielsweise wie folgt dar:

1. Handelsmarge und persönlicher Rabatt
2. Geschäftsentwicklungs-Bonus
3. Team-Bonus
4. Zusatz-Bonus
5. Fahrzeug-Bonus
6. Globaler Bonus

Wie in den klassischen Karriereplänen werden auch hier die verkauften Produkte mit einem Schlüssel bewertet. Dieser Schlüssel heißt zum Beispiel **„commissionable volume" (CV)** und drückt das provisionsberechtigte Volumen aus. Anders als beim vorgenannten Einheitensystem wird das CV prozentual vergütet.

Der Geschäftspartner kauft die Produkte zu einem vom Unternehmen festgelegten Einkaufspreis und veräußert sie zu einem von ihm frei wählbaren Preis an seine Kunden. Alternativ besteht auch die Möglichkeit, den Kunden direkt bei dem Unternehmen bestellen zu lassen. Der Kunde erhält in diesem Falle eine eindeutige ID-Nummer, die dem Geschäftspartner zugeordnet wird. Das Unternehmen tritt jedoch nicht als Verkäufer, sondern nur als Mittler auf und erstattet dem Geschäftspartner die erzielten Handelsmargen auf sein Provisionskonto. Die freie Preisbestimmung existiert allerdings nur in der Theorie, da es aufgrund der hohen Transparenz unvorteilhaft wäre, einen höheren Preis zu wählen, als er vom Unternehmen im Rahmen seiner Mittlerfunktion verlangt wird. Der persönliche Rabatt ist eine prozentuale Vergütung des vom Geschäftspartner generierten Eigenumsatzes, die zusätzlich zur Handelsmarge bezahlt wird. Jedoch ist dieser Rabatt in seiner Höhe durch Umsatzziele bestimmt und greift auch erst ab einer gewissen Zielgröße.

Für die Einkommensarten 2. bis 6. müssen Sie sich qualifizieren. Auf die Qualifikationsmöglichkeiten wird im Rahmen dieses Buches nicht näher eingegangen. Stattdessen werden die Begriffe **„Ebenen"** und **„Generationen"** sowie die grundsätzliche Theorie der Qualifikation erläutert.

Jeder Marketingplan sieht eine prozentuale Vergütung der durch Ihre Downline produzierten Umsätze vor. Ihre Downline setzt sich aus den von Ihnen direkt gesponserten (rekrutierten, geworbenen) Geschäftspartnern und wiederum deren Geschäftspartnern zusammen. Je nach Unternehmen weichen die Höhe der Vergütung und die Anzahl der provisionsberechtigten Generationen voneinander ab. Grundsätzlich gilt, dass Sie und Ihre Geschäftspartner sich für diese Bonifikationen und Provisionen jeden Monat erneut qualifizieren müssen.

Das nachfolgende Schaubild verdeutlicht den Unterschied zwischen Ebenen und Generationen. Ebenen stellen die Strukturierung Ihrer Downline dar. Als Generation werden die Ebenen bezeichnet, die sich qualifiziert haben und ebenfalls bonusberechtigt sind. Im Umkehrschluss ist es also so zu verstehen, dass mitunter mehrere Ebenen eine Generation darstellen können. Jeder nicht qualifizierte Geschäftspartner rückt sozusagen in die nächsthöhere Generation auf. Die darauffolgende Generation beginnt erst mit dem nächsten qualifizierten Geschäftspartner in dieser Strukturlinie.

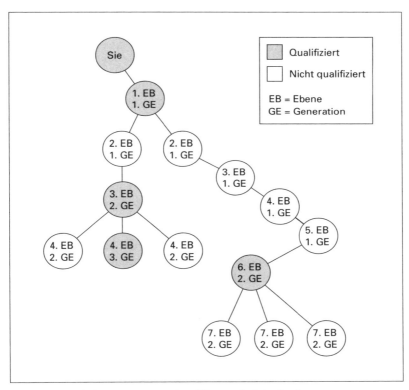

Ebenen und Generationen im Network-Marketing

Der Hintergrund dieser Verfahrensweise ist mit der 50-Prozent-Klausel der Strukturvertriebe vergleichbar. Sie verhindert, dass so genannte „Provisionsdiebe" am Erfolg der anderen partizipieren, ohne eine entsprechende Leistung zu erbringen. Glücklicherweise werden die Karten jeden Monat neu gemischt. Auch wenn Sie oder Ihre Geschäftspartner die Qualifikation verfehlt haben, so eröffnet jeder Monat eine neue Chance, an der Downline zu partizipieren.

Wie bereits mehrfach erwähnt, ist die wichtigste Aufgabe einer Führungskraft – unabhängig davon, ob sie im Strukturvertrieb oder Network-Marketing arbeitet, Geschäftspartner zu fördern und für ihren Erfolg zu sorgen. Nicht selten ist es der Fall, dass Sie Ihre „Prinzen" und „Prinzessinnen" in der Tiefe finden. Würden Sie an ihnen nicht partizipieren, so schlüge auch hier der Ansatz fehl.

11. Bietet der Strukturvertrieb eine Chance für jeden?

Das ist eine berechtigte Frage, und sie kann mit „grundsätzlich ja" beantwortet werden. Doch wo es Grundsätze gibt, gibt es auch Ausnahmen.

Zunächst ist zu sagen: Der Strukturvertrieb ist weder schwieriger oder anspruchsvoller noch leichter als alle anderen Formen des Vertriebs. Die Aufgabenstellungen sind in allen Vertriebsformen grundsätzlich vergleichbar und erfordern somit auch einen vergleichbaren Aufwand. Die Tatsache, dass Sie Geschäftspartner für Ihren Vertrieb gewinnen können und an ihnen partizipieren, bildet sozusagen das Sahnehäubchen. Dieser Klecks Sahne wird sich allerdings zu gegebener Zeit in einen stetig wachsenden „Sahneberg" verwandeln, wenn Sie kontinuierlich und gewissenhaft arbeiten. Anfänglich wird insbesondere die Einarbeitung der neuen Geschäftspartner eine gewisse Herausforderung für Sie darstellen und sicherlich auch von Zeit zu Zeit Ihr Nervenkostüm – mehr als gewünscht – beanspruchen. Doch diese zusätzliche Investition an Kraft und Zeit wird sich sehr schnell für Sie auszahlen.

Dennoch: **Die Quote derer, die langfristig im Strukturvertrieb erfolgreich sind, liegt im Optimalfall bei fünf Prozent**. Warum nur so wenige, wenn es doch eigentlich so einfach ist, jeder die gleiche

Chance hat und zusätzlich enorme Einkünfte zu erzielen sind? Wenn ich alle von mir geführten Rekrutierungsgespräche resümiere, so komme ich zu folgendem Ergebnis: Jeder, ausnahmslos jeder, der sich für den Strukturvertrieb entschieden hat, wollte so schnell wie möglich an die Spitze des Karriereplans aufrücken. Alle waren bereit, ihr Bestes zu geben und alles zu unternehmen, was dafür notwendig ist. Soviel zur Theorie. Aber die Praxis sieht anders aus. Der Grund: Es gibt Menschen, und derer nicht wenige, die nicht glauben können, oder auch nicht bereit sind, ihren Glauben mit Leben zu erfüllen und dafür persönliche Grenzen zu überschreiten!

Warum ist das so? Die von uns im Laufe des Lebens erlernten Verhaltensmuster beeinflussen uns so stark, dass wir uns häufig in einem Kreislauf befinden, der uns ein Gefühl der Ohnmacht vermittelt. Je länger und intensiver wir diese Verhaltensmuster oder Glaubenssätze anwenden, umso hoffnungsloser erscheint unsere Lage, und wir verlieren den Glauben an eine mögliche Veränderung.

➤ *Ich würde ja gern, aber ich kann nicht.*
➤ *Warum sollte gerade ich es schaffen?*
➤ *Andere sind viel besser als ich.*
➤ *Dass er es geschafft hat, ist ja kein Wunder, weil ...*

So oder ähnlich lauten die Aussagen von Menschen, die sich ihrem Kreislauf ergeben, Hoffnung und Selbstvertrauen verloren haben. Es ist das sich bedingungslose Ergeben und die Einstellung, an seinem Leben nichts verändern zu können – Spielball äußerer Einflüsse und Umstände zu sein. Dabei ist es im Grunde genommen sehr einfach, die Umstände seines Lebens zu verändern. Man muss nur daran glauben können und konsequent sein. Alles andere wird die Folge sein.

Die Hemmnisse, die unser Leben beeinflussen, sind sehr vielfältig, und jeder Mensch ist unterschiedlich stark davon betroffen. Die Wirkungsweise dieser Hemmnisse und die Art, sich davon zu lösen, ist jedoch in allen Fällen gleich. Wir werden in den nächsten Kapiteln noch öfter darüber sprechen. Zur Einführung möchte ich Ihnen einen sehr einfachen **Vergleich** an die Hand geben, der diese Systematik anschaulich darstellt.

Vergleichen Sie Hemmnisse mit Gummibändern. Je intensiver sich ein Hemmnis darstellt, umso kräftiger ist dieses Gummiband. Jedes Mal, wenn Sie den Versuch unternehmen, an Ihrem Leben etwas zu verändern, müssen Sie gegen dieses Gummiband ankämpfen. Sie müssen sich auch vergegenwärtigen, dass es nie auf Anhieb klappen wird. Dieses Band wird Sie garantiert nach Ihrem ersten Versuch wieder zurückschnellen lassen, und Sie werden das Gefühl haben, nichts erreicht zu haben. Viele geben nach diesem ersten Versuch sofort auf und sagen: Ich wusste es doch, es geht nicht!

Natürlich sind Sie wieder da, wo Sie herkamen. Allerdings hat sich das Gummiband etwas gedehnt! Wenn Sie den nächsten Versuch unternehmen, werden Sie feststellen, dass es einfacher als beim letzten Mal ist. Je öfter Sie an der Überwindung eines Hemmnisses arbeiten, umso weiter werden Sie vordringen und sich dem ersehnten Ziel nähern. Im Laufe der Zeit werden Sie dieses Gummiband nur noch am Rande bemerken. Doch Vorsicht, selbst wenn Sie Ihrem Ziel greifbar nahe sind, das Gummiband ist noch immer da und wird sich wieder zusammenziehen, wenn Sie nicht weitergehen! Hören Sie zu früh auf oder geben Sie sogar Ihr Vorhaben vollständig auf, so wird Sie dieses Band wieder an die Stelle ziehen, von der Sie gekommen sind. Oftmals mit einer Geschwindigkeit, die durchaus Beulen beim Aufschlag verursachen kann. Wenn Sie Ihr Ziel zum Greifen nahe haben, dann rennen Sie das letzte Stück so schnell es Ihnen möglich ist, bis dieses verdammte Gummiband reißt! Erst wenn Sie Ihr Ziel erreicht haben, ist auch dieses Band weg, und Sie befinden sich im Bezug auf dieses Hemmnis im sicheren Hafen!

Mika Häkkinen, der bekannte und sehr erfolgreiche Formel-1-Pilot, hat es mit einem Satz auf den Punkt gebracht: „*It's a mind's game!*"

> **Ob Sie im Strukturvertrieb Erfolg haben oder nicht, ist weniger eine Frage der Herkunft, der Vorbildung oder des Alters, es ist vor allem reine Kopfsache. Nicht mehr, aber eben auch nicht weniger!**

Deshalb geht es weniger darum, ob der Strukturvertrieb eine Chance für jeden ist, sondern vielmehr darum:

ob Sie bereit sind, alte Verhaltensmuster zu durchbrechen, einen unbeirrbaren Glauben an Ihr Ziel zu entwickeln und dafür persönliche Grenzen zu überschreiten.

Bevor Sie jetzt im Detail lesen, was das konkret bedeutet, sollten Sie eines bedenken. Es gibt nur vier relevante Gründe, warum Sie dieses Buch lesen:

1. Sie sind nur am Thema, nicht aber an einer Arbeit im Vertrieb interessiert.
2. Sie sind erfolgreiche Führungskraft, Vorstand oder Geschäftsführer eines Vertriebs und prüfen die Relevanz dieses Buches für den Einsatz in Ihrem Unternehmen.
3. Sie arbeiten bereits im Vertrieb und suchen nach Antworten auf offene Fragen, die Sie bisher von den gewünschten Erfolgen trennen.
4. Sie haben noch keine Erfahrungen gemacht und betrachten den Strukturvertrieb als Karrieremöglichkeit.

Trifft für Sie 3. oder 4. zu und gehen Sie bereits bei den nun folgenden Fragen auf die Barrikaden, dann verwerfen Sie den Gedanken an eine Karriere im Vertrieb sofort. Machen Sie sich bitte selbst nichts vor. Im Vertrieb zählt nur eins: ganz oder gar nicht!

Die Fragen lauten konkret:

Bin ich bereit,

➤ Dinge zu tun, die andere aus Bequemlichkeit unterlassen?

➤ für einen gewissen Zeitraum meine Wochenenden und die wohlverdiente Freizeit für den Aufbau des Geschäfts zu „opfern"?

➤ in meine Persönlichkeitsentwicklung zu investieren?

➤ meine gedanklichen Grenzen kennen zu lernen und zu überschreiten, auch wenn es unangenehm ist?

➤ mich anfeinden und verspotten zu lassen?

➤ nicht aufzugeben, auch wenn es nicht auf Anhieb klappt?

➤ zu lernen und neue Sichtweisen zuzulassen?

➤ mich von Menschen führen zu lassen, die vom Alter her gesehen meine Kinder sein könnten?

➤ für meinen Erfolg und mein Leben selbst die Verantwortung zu übernehmen?

➤ die Gründe für Misserfolge vor meiner eigenen Haustür zu suchen?

➤ Konzepte und Strategien zu übernehmen, ohne ständig nach einem Grund zu suchen, warum es nicht funktionieren könnte?

➤ mich endlich von meinem Alltagstrott und den teilweise kleingeistigen Lebensvorstellungen loszureißen?

Wir sind an einem Scheideweg angelangt. Genau an dieser Stelle müssen Sie eine Entscheidung fällen. Bevor Sie sich entscheiden, gebe ich Ihnen noch Folgendes zu bedenken: Entscheiden Sie sich für ein selbstbestimmtes Leben, dann müssen Sie Grenzen überschreiten, geliebte und vereinfachende Gewohnheiten über Bord werfen. Dieser Weg wird schmerzhaft und steinig sein. Doch bereits nach kurzer Zeit werden Sie erkennen, dass Sie auf dem richtigen Weg sind und erste Erfolge verspüren. Stellen Sie sich den Herausforderungen und werden Sie Spielmacher Ihres Lebens, so werden Sie ein Leben voller Anerkennung, Zufriedenheit und Erfolg führen.

Sie, und nur Sie, haben die Wahl. Sind Sie bereit, all das in Kauf zu nehmen, dann gehen Sie diesen Weg. Wenn nicht, dann lassen Sie es bitte und machen Sie sich selbst nichts vor. Können Sie diese Frage nicht mit einem eindeutigen und kompromisslosen „ja" beantworten, dann lesen Sie jetzt bitte nicht weiter und verschenken Sie dieses Buch an jemanden, mit dem Sie es gut meinen.

12. Ihr persönliches Zielsystem

Wenn Sie Kapitel 11 durchgearbeitet haben und an dieser Stelle weiterlesen, haben Sie sich offensichtlich entschieden, mehr über den Strukturvertrieb zu erfahren, weil Sie darin eine Chance für sich sehen. Damit haben Sie schon einen wichtigen Schritt getan. Nun geht es darum, Ihre Ziele und Wünsche kennen zu lernen und für Sie einen Weg zur Zielerreichung festzulegen.

Nur rund fünf Prozent der Bevölkerung erreichen ihre Ziele regelmäßig. Was machen diese Menschen anders? Wenn Sie das Leben erfolgreicher Menschen studieren, lassen sich vier grundsätzliche Faktoren als unerlässliche Bedingung für Erfolg identifizieren: ein klares Ziel, eine tiefe Entschlossenheit, ein unerschütterlicher Glaube an sich selbst und seine Vision sowie unermüdlicher Fleiß. Alles Weitere leitet sich automatisch ab.

Eine sinnvolle Zielplanung vollzieht sich in folgender Reihenfolge:

1. Entscheiden Sie genau, was Sie wollen.
2. Klären Sie den Ausgangspunkt und definieren Sie alle notwendigen Voraussetzungen.
3. Erstellen Sie einen Plan, der zu Ihrem Ziel führt, und legen Sie einen verbindlichen und realistischen Zeitpunkt fest, an dem das Ziel von Ihnen erreicht wird.

12.1 Entscheiden Sie genau, was Sie wollen

Bevor Sie Ziele für sich definieren, gilt es Wünsche von Zielen zu unterscheiden und herauszufinden, welche Prioritäten für Sie wichtig sind.

> **„Unsere Wünsche sind die Vorboten der Fähigkeiten, die in uns liegen."**
> *Johann Wolfgang von Goethe*

Doch erst wenn ein Wunsch konkretisiert und definiert wird, wird er zu einem Ziel. Deshalb bitte ich Sie, in der nachfolgenden Liste alle Wünsche zu formulieren, die Sie in sich tragen. Ob es ein auszugleichendes Konto, ein neues Auto ist, Sie mit dem Rauchen aufhören möchten oder was auch immer, notieren Sie es. Bitte lassen Sie die erste Spalte frei, diese wird für den nächsten Schritt benötigt.

Priorität	Meine Wünsche

Der nächste Schritt ist das Vergeben von Prioritäten, das heißt zu entscheiden, welche Wertigkeit diese Wünsche tatsächlich für Sie haben. Sicherlich wird auch der eine oder andere Wunsch eine automatische Folge der Realisation eines anderen sein. Bitte lesen Sie sich alle Wünsche nochmals durch und entscheiden Sie, welcher Wunsch als erster erfüllt werden soll und in welcher Reihenfolge die anderen folgen sollen. Nummerieren Sie in der ersten Spalte und beginnen Sie mit der 1 für den ersten zu erfüllenden Wunsch.

Am Anfang werden wir uns nur auf diesen ersten Wunsch konzentrieren. Erst wenn dieser erreicht ist und Sie fest daran glauben können, dass nur Sie allein dafür verantwortlich sind, folgt der nächste. Verfügen Sie später über einen festen Glauben und ist es auch darstellbar, dann können durchaus zwei oder mehr Ziele gleichzeitig verfolgt werden.

> *Bitte formulieren Sie hier den ersten Wunsch:*

Wie bereits erwähnt: Ein Wunsch ist noch lange kein Ziel. Ein Ziel ist nur dann ein Ziel, wenn es mit einem Satz definiert werden kann. Dieser Satz muss so prägnant sein und alle Details beinhalten, dass ein Außenstehender sofort erkennen kann, worum es geht. Ein Ziel zu definieren ist harte Arbeit und benötigt Zeit. Ein Ziel ist aber noch viel mehr als nur das. Der Gedanke an Ihr Ziel oder dessen Erreichen muss Sie begeistern, Sie geradezu in eine Euphorie versetzen, wenn Sie darüber sprechen. Etwas, für das es sich lohnt zu kämpfen, für das Sie bereit sind, alles zu geben und Höchstleistungen zu vollbringen. Nur wenn ein Ziel für Sie eine solche Wirkung hat, dann ist es ein Ziel.

Je mehr Sie sich mit dem Ziel auseinandersetzen und vor allem daran arbeiten, umso konkreter werden Sie es formulieren können. Aber auch jetzt am Anfang muss es klar und eindeutig sein. Lassen Sie sich keine Hintertüren offen und pauschalisieren Sie nicht. Ein richtig definiertes Ziel könnte wie folgt lauten:

- ➤ Am 31. Mai diesen Jahres habe ich 10 000 Euro als nebenberufliches Einkommen erzielt.
- ➤ Am 31. Dezember diesen Jahres steht **mein** schwarzer Porsche 911 vor der Tür.

Sie merken, ein Ziel ist immer mit einem festen Zeitpunkt verbunden und wird immer absolut formuliert. Bitte bedenken Sie dabei, dass der Zeitpunkt auch wirklich darstellbar ist. Der wichtigste Grundsatz hierbei ist: So schnell wie möglich und ohne Aufschub. Lassen Sie sich keine Freiräume und Reservezeiten. Diese würden nur den positiven Druck nehmen und Sie dazu verleiten, Ihr Ziel nicht ernsthaft zu verfolgen. Es gibt grundsätzlich zwei Wege, um ein Ziel und den Weg dorthin zu definieren: Entweder setzen Sie ein Ziel und den Zeitpunkt, an dem es erreicht wird, als Grundlage der Planung fest, oder Sie ermitteln den Zeitpunkt anhand der bereits vorhandenen und noch zu schaffenden Voraussetzungen. Letztlich entscheidet in der Regel die Art des Ziels über die Vorgehensweise. Gehen Sie den ersten Weg, dann tragen Sie Ihr Ziel hier mit Datum ein. Nehmen Sie den andern Weg, dann lassen Sie das Datum noch frei und ergänzen es später.

Mein Ziel:

12.2 Klären Sie den Ausgangspunkt

In der Seefahrt wird nach der Zieldefinition die effektivste und zugleich sicherste Route gewählt, der Kurs berechnet und in die Seekarte eingetragen. Wichtigste Voraussetzung für eine Kursberechnung ist neben dem Ziel der Ausgangspunkt. Wenn Sie nicht wissen, wo Sie sind, werden Sie weder den Weg zu Ihrem Ziel noch den Zeitpunkt des Erreichens sinnvoll festlegen können.

Hier ein **Beispiel zur Planung des nebenberuflichen Einkommens im Strukturvertrieb**:

Die Zielplanung im Strukturvertrieb sollte grundsätzlich in zwei Bereiche unterteilt werden: Zum einen in die Planung anhand Ihrer eigenen Leistungen und zum anderen in die Planung der Ziele und Ergebnisse Ihrer Struktur.

Beginnen wir mit der **eigenen Planung**. Dieser Teil ist recht schnell vollbracht und der Ausgangspunkt sehr einfach zu ermitteln. Wenn Sie zum Beispiel ein monatliches Einkommen planen, so gehen Sie wie folgt vor: Im ersten Schritt müssen die relevanten Kennzahlen und Quoten ermittelt werden. Nur mit diesen Informationen ist eine realistische und qualifizierte Planung möglich.

Am Anfang einer Vertriebskarriere ist es natürlich sehr schwer, eine richtige Planung zu erstellen, da Ihnen sämtliche Erfahrungswerte und Zahlen fehlen. Deshalb sollten Sie sich mit Ihren Kollegen unterhalten und deren Erfahrung als Grundlage benutzen. Jedoch sollten Sie zu Ihrer eigenen Sicherheit die Wahl Ihrer Gesprächspartner wohl bedenken. Orientieren Sie sich bitte nicht an den alten Hasen, sondern an den üblichen Verkaufszahlen in Ihrer Geschäftsstelle bzw. Direktion.

So ermitteln Sie die relevanten Kennzahlen und Quoten:

1. Wie viele Termine führen Sie pro Woche durch?

Gemeint sind nur die definitiv durchgeführten Termine, unabhängig davon, ob Sie einen Abschluss erzielt haben oder nicht. Die ausgefallenen und verschobenen Termine werden an dieser Stelle nicht berücksichtigt.

2. Welche Quote liegt dieser Terminanzahl zugrunde?

Diese Quote errechnet sich wie folgt:

$$\frac{10 \text{ vereinbarte Termine}}{7 \text{ stattgefundene Termine}} = 1{,}43 \text{ (Terminquote)}$$

3. Der durchschnittliche Umsatz pro Termin

Hier ist der Provisionsumsatz gefragt, der Ihnen effektiv zufließt respektive zufließen wird. Einkünfte aus Ihrer Struktur werden hier nicht berücksichtigt.

$$\frac{Monatseinkommen}{durchgeführte\ Beratungen} = Provisionsumsatz\ pro\ Termin$$

Jetzt haben Sie alle relevanten Zahlen zur Hand und können zum nächsten Schritt übergehen. Bevor Sie jedoch mit der Planung fortfahren, sollten Sie sich nochmals ernsthafte Gedanken darüber machen, warum Sie eigentlich dieses Einkommen erzielen möchten. Ein Betrag alleine ist nur die halbe Wahrheit. Viel wichtiger sind die Motive dahinter: Wozu benötigen Sie dieses Einkommen und was möchten Sie damit erreichen? Das ist die Frage, die es zu beantworten gilt.

12.3 Erstellen Sie einen Plan für Ihren Weg zum Ziel

In der Regel finden Sie mehrere Wege, um Ihre Ziele zu erreichen. Wählen Sie bitte niemals den vermeintlich leichtesten aus! Den einfachen Weg gehen alle, und deshalb erreichen sie auch alle das gleiche Ergebnis. Nur wer bereit ist, sich anzustrengen und Opfer zu bringen, der wird mit Erfolgen belohnt. Diese Regel gilt für alle Ziele, die Sie erreichen möchten.

Der Zeitpunkt des Erreichens muss immer realistisch sein, darf Ihnen aber auch keine unnötigen Freiräume lassen. Es muss ein absolut verbindlicher und unumstößlicher Termin sein. Und bedenken Sie auch:

> **Ein Ziel, für das Sie nicht kämpfen müssen, ist kein Ziel, es ist eine Selbstverständlichkeit und wird auch keine Bedeutung in Ihrem Leben haben.**

Wahre Größe im Leben erreichen Sie nicht in den schönen und sorgenfreien Momenten. Größe erreichen Sie dann, wenn Sie über sich selbst hinauswachsen und Dinge tun, die Sie vorher nicht getan haben.

Kehren wir zurück zu unserer Planung. Ziel ist ein monatliches Einkommen der Höhe X.

So bringen Sie das gewünschte Einkommen in die richtige Relation zu der zu leistenden Arbeit:

$$\frac{\textit{gewünschtes Einkommen}}{\textit{Provisionsumsatz pro Termin}} = \textit{Anzahl durchgeführter Beratungen}$$

$\textit{Beratungen} \times \textit{Terminquote} = \textit{zu vereinbarende Termine pro Monat}$

$$\frac{\textit{Termine pro Monat}}{\textit{4 Wochen}} = \textit{erforderliche Terminanzahl pro Woche}$$

Sie müssen jetzt nur noch dafür Sorge tragen, dass in jeder Woche die erforderliche Terminanzahl zur Verfügung steht, und damit ist Ihr Ziel schon fast erreicht. Sollten Sie im Laufe der Zeit feststellen, dass diese Terminanzahl dauerhaft nicht ausreicht, so sollten Sie anhand der neuen Zahlen nachbessern. Auf der anderen Seite ist es natürlich durchaus möglich, dass das von Ihnen gewünschte Einkommen aus zeitlichen Gründen nicht darstellbar ist. Das sollte eigentlich in der Anfangsphase einer Vertriebskarriere nie der Fall sein. In solchen Fällen haben Sie entweder zu wenig Zeit zur Verfügung gestellt, oder Sie möchten bereits zu Beginn sehr hohe Einkünfte erzielen.

Wie auch immer, auch dafür gibt es eine Lösung. Multiplizieren Sie Ihre Zeit durch die Einarbeitung neuer Geschäftspartner. Dabei möchte ich es auch belassen und übergebe Ihren Führungskräften die Aufgabe, das Strukturwachstum und die damit zu erreichenden Positionen und Einkünfte zu planen.

Teil II
Die Vertriebspraxis

Sie haben in Teil I die Grundbegriffe und Funktionsprinzipien des Strukturvertriebs kennen gelernt. Nun folgt der Schritt in die Praxis.

Sicherlich gibt es unzählige Varianten, wie ein Strukturvertrieb optimal funktioniert und gelebt werden kann. Allerdings vereint alle Vertriebe, egal welches Produkt verkauft wird und welche Philosophie dahinter steht, die gleiche Basis. Ein Strukturvertrieb kann nur dann langfristig erfolgreich arbeiten, wenn folgende **vier Teile des Systems** funktionieren:

- Produktpräsentation und Verkauf,
- Akquisition und Empfehlungsmarketing,
- Einstellen oder Rekrutieren neuer Geschäftspartner,
- Einarbeitung, Ausbildung und Multiplikation.

Alle anderen Aufgaben sind entweder Bestandteil dieser vier Bereiche oder sie zählen zur Administration und sind somit vom Innendienst zu leisten.

1. Produktpräsentation und Verkauf

Der Kauf eines Produkts oder einer Dienstleistung ist Vertrauenssache. Nur wenn wir das uneingeschränkte Vertrauen unserer Kunden gewinnen und es halten können, werden wir mit Erfolg belohnt. Das gilt nicht nur für den Verkäufer, sondern auch für das Unternehmen an sich.

Dem eigentlichen Prozess geht die **Wahl der richtigen Verkaufsstrategie** voraus. Diese Strategie bezieht sich auf die zeitliche Planung, den Ablauf und die Hintergrundarbeiten des Verkaufs.

Zweifellos wird ein Großteil aller Produkte im ersten Gespräch verkauft. Andere Produkte hingegen verlangen zwei oder mehrere, aufeinander abgestimmte Gespräche. Beispielsweise ist der Verkauf eines Telefonvertrags sehr einfach. Er erfordert einen nur geringfügigen Wissenstransfer und hat neben dem Spareffekt keinerlei Auswirkungen auf die Situation des Kunden. Deshalb wäre es völlig sinnfrei, diesen Prozess unnötig in die Länge zu ziehen. Verkaufen Sie hingegen nicht nur ein Produkt, sondern eine Finanzstrategie und greifen damit empfindlich in die bisherige Finanzplanung des Kunden ein, so wird und kann es mit einem Gespräch nicht erledigt sein.

Alle Unternehmen, die sich der Allfinanz verschrieben haben, sind zwangsläufig verpflichtet, den Verkaufsprozess auf mehrere Gespräche und teilweise auch mehrere Schultern zu verteilen. Die Beratung in der Allfinanz setzt nicht nur ein umfassendes Wissen in allen Sparten, sondern auch eine detaillierte Analyse der vorhandenen Verträge und Zielsetzungen des Kunden voraus.

Schlecht beraten sind hier die allseits berühmten Bauchladenverkäufer, die, mit einem Pilotenkoffer bewaffnet, in einem einzigen Gespräch den Kunden regelrecht „zunageln". Auch wenn ein solches Vorgehen in der Anfangszeit durchaus möglich war, werden Sie damit heutzutage keine nennenswerten Ergebnisse erzielen. Nicht nur weil es grundlegend falsch ist, sondern weil auch der Kunde inzwischen gelernt hat, dass eine umfassende und seriöse Beratung nicht aus dem Stegreif möglich ist.

Das für einen Verkauf erforderliche **Vertrauen** werden Sie verlieren oder gar nicht erst gewinnen können, wenn Sie eine unsachgemäße Strategie anwenden.

> **Erstes und wichtigstes Ziel ist es, das Vertrauen Ihres Kunden zu erlangen.**

Vertraut der Kunde Ihnen nicht oder hatte er nicht ausreichend Zeit und Möglichkeit, das erforderliche Maß an Vertrauen aufzubauen, so werden Sie keine Chance haben, wie gut Ihre Produkte auch immer sein mögen. Besitzen Sie jedoch einmal das Vertrauen Ihres Kunden und enttäuschen es nicht, steht einer langfristigen, immer mit neuen Abschlüssen gekrönten Geschäftsbeziehung nichts mehr im Wege.

Sehr viele Unternehmen oder auch Verkäufer konzentrieren sich ausschließlich auf die Neukundenakquisition. Grundsätzlich ist dagegen nichts einzuwenden, allerdings werden dabei viel zu viele Geschäftsgelegenheiten verschenkt. Ich behaupte, dass gerade die großen Vertriebe über unglaubliche Ressourcen in ihren Beständen verfügen und sich dessen teilweise nicht bewusst sind.

> **Ein Bestandskunde muss nicht mehr akquiriert werden, und das für den Verkauf notwendige Vertrauen hat er Ihnen bereits geschenkt. Also nutzen Sie es!**

1.1 Produktpräsentation und Verkauf – Phase I

Präsentation und Verkauf gehören eng zusammen. Beide Teile sind voneinander losgelöst vollkommen wirkungslos. Eine Produktpräsentation ohne Verkauf ist im Idealfall für die Zuhörer sehr amüsant und interessant, jedoch ein brotloser Zeitvertreib für den Verkäufer.

Wann beginnt der Verkaufsprozess? Schon lange vor der Präsentation des Produktes, der Einwandbehandlung oder den Abschlusstechniken. Bereits der erste telefonische oder persönliche Kontakt prägt den weiteren Verlauf der Geschäftsbeziehung. Aus diesem Grund ist es wichtig, dass Sie als guter Verkäufer Ihre Professionalität in allen Bereichen unter Beweis stellen.

Der Kaufprozess des Kunden besteht aus zwei überaus wichtigen Phasen. Die erste Phase betrifft den **Verkäufer**, der vom Kunden **als kompetente, seriöse, sympathische und vor allem als vertrau-**

enswürdige Person „gekauft" werden muss. Erreichen Sie dieses Ziel nicht, werden Sie definitiv nichts verkaufen. Es gibt sogar Kunden, die in einem solchen Fall von Ihnen nicht einmal etwas geschenkt haben möchten. (In der zweiten Phase, die in Kapitel 1.2 erläutert wird, geht es um den richtigen Aufbau der Präsentation.)

Auch wenn Sie in einem Beratungsgespräch der bestimmende Teil sind, so bedeutet es noch lange nicht, dass Sie auch den sprachlich aktivsten Part einnehmen. Ihre Aufgabe ist das Führen und Lenken des Gesprächs. Ein Beratungsgespräch muss immer als Dialog geführt werden, in den der Kunde durch Ihre Fragen und Aufforderungen regelmäßig eingeladen wird.

Wie erreichen Sie also diesen ersten Abschluss? Wichtig sind:

1. Authentizität und Selbstbewusstsein,
2. ehrliches Interesse an Ihrem Gegenüber,
3. perfektes Outfit,
4. fachliche Kompetenz.

■ Authentizität und Selbstbewusstsein

Authentizität bedeutet, dass Sie „echt" sind. Schauspielerisches Talent ist im Verkauf seltener gefragt. Einer Tatsache können Sie versichert sein: Spielen Sie im Verkauf oder auf einem Seminar eine Rolle, so werden Sie ertappt – wenn nicht heute, dann spätestens morgen.

Authentisch zu sein ist nicht schwer, erfordert jedoch ein gefestigtes Selbstbewusstsein und ein tiefes Vertrauen in die eigenen Fähigkeiten. Als Kopie einer anderen Person machen Sie sich nur lächerlich und laufen Gefahr, die eigene Persönlichkeit zu verlieren. Mit Sicherheit ist es von Vorteil, wenn Sie erfolgreiche Menschen beobachten und deren erfolgreiche Gewohnheiten übernehmen. Erfolgreiche Gewohnheiten sind zum Beispiel das tägliche frühe Aufstehen, positive und konstruktive Denkansätze oder nachhaltige Konsequenz und Disziplin.

Selbstbewusstsein und das daraus resultierende **Vertrauen** in die eigenen **Stärken** und Fähigkeiten können Sie trainieren, indem Sie sich immer wieder größeren Anforderungen stellen – ähnlich wie Sie Ihre Muskeln im Sportstudio durch immer schwerere Gewichte stählen.

Den Spruch „Stärken stärken und Schwächen schwächen" können Sie getrost vergessen. Er hilft Ihnen nur bedingt weiter. In Bezug auf das Stärken der Stärken ist er richtig, jedoch das Schwächen der Schwächen ist der größte Fehler, den Sie begehen können. Sie können mit Ihren Stärken sicherlich die eine oder andere Schwäche kompensieren, Höchstleistungen werden Sie so jedoch nicht erreichen. Aber genau darum geht es. Nur wenn Sie wirklich bereit sind, Höchstleistungen zu erbringen, werden Sie diese auch erzielen.

Ihre **Schwächen** finden Sie schneller heraus, als Ihnen lieb sein wird. Oftmals reichen ein Gespräch mit einem guten Freund, ein paar besinnliche Momente der Selbstanalyse oder Sie betrachten die Augenblicke, in denen Sie sich unwohl gefühlt haben oder vor Aufgaben geflohen sind. An jenen Punkten, wo Sie das größte Unbehagen spüren, sind Ihre Schwächen zu Hause. Und hier müssen Sie ansetzen. Stellt sich zum Beispiel eine Ihrer Schwächen als Unfähigkeit zum freien Sprechen in der Gruppe dar, dann sollten Sie ab heute nichts anderes machen, als vor einer Gruppe zu sprechen. Mit zunehmender Übung werden Sie feststellen, dass Sie es nicht nur können. Sie werden sogar Freude daran haben.

Neben der wichtigen Selbsterkenntnis und dem Eingeständnis der eigenen Schwächen brauchen Sie auch die Fähigkeit, **Grenzen zu überschreiten**. Diese Grenzen, die sich im Laufe der Zeit entwickelt haben, sind nichts anderes als Verhaltensmuster oder – anders ausgedrückt – Problemlösungsstrategien. Das Schöne an Verhaltensmustern ist die Tatsache, dass man sie ändern kann. Die Wissenschaft hat inzwischen erforscht, dass Verhaltensmuster in Form von neuronalen Verknüpfungen nachweisbar sind. Sie können die Verhaltensmuster mit Waldwegen oder Pfaden vergleichen. Je öfter ein solcher Weg beschritten wird, umso deutlicher zeichnet er sich ab. In ähnlicher Weise können häufig wiederholte Verhaltensmuster zu einem festen Bestandteil Ihres Persönlichkeitsbildes werden. Dabei unterscheidet unser Gehirn nicht zwischen für uns positiven oder negativen Verhaltensmustern. Hierin liegt eine Chance – und gleichzeitig eine große Gefahr: Ändern Sie auf Dauer ungeeignete oder gar destruktive Verhaltensmuster nicht, werden sie irgendwann nicht mehr zu beheben sein.

Sie merken, dieser Prozess ist in der Theorie gar nicht so schwer zu meistern. Andererseits ist es jedoch in der Praxis so, dass gerade hieran sehr viele Menschen scheitern. Aber genau die Fähigkeit, seine Verhaltensmuster zu verändern, ist der wahre Schlüssel zum Glück. **Stellen Sie sich allen Herausforderungen in Ihrem Leben.** Der Rest sind eher unwichtige Details.

Eine Schwierigkeit, die dabei auftritt, ist folgende: Jedes Mal, wenn wir einer Herausforderung gegenüberstehen, beginnen wir automatisch, uns mit den Folgen der von uns geforderten Aktivitäten zu beschäftigen. Und das lähmt unseren Eifer. Nehmen wir als Beispiel eine absolute Selbstverständlichkeit aus unserem Alltag, das Telefonieren. Fest steht: Die meisten Menschen sind in der Lage, mit ihren Freunden, Bekannten oder auch Fremden völlig hemmungsfrei zu telefonieren. Bekommt ein Telefonat jedoch einen wichtigen Hintergrund, dann geht das Stottern los. Und warum ist das so? Es ist nichts anderes als die Angst vor dem Ergebnis des Telefonats!

So oder vergleichbar läuft es in allen anderen Engpässen ab. Aus Angst vor irgendetwas unterlässt man bewusst die notwendigen Aktivitäten und verzichtet damit auf alle Chancen! Ringen wir uns jedoch durch, so stellen wir in kürzester Zeit fest, dass es die ganze Aufregung nicht wert war. Je nach Art erfordert dieser Prozess mehr oder weniger Zeit. Jedoch schon der erste Schritt zeigt uns, dass wir auf dem richtigen Weg sind, dass es funktioniert!

Wie oft habe ich die Panik in den Augen meiner Geschäftspartner gesehen, wenn ich Ihnen eröffnete, dass ihnen die Ehre zuteil werden würde, auf einem Seminar zu referieren. Oder wenn Menschen auf einem Kongress vor tausenden von Teilnehmern auf die Bühne gebeten wurden. Sie wären am liebsten davongelaufen. Aber welch Wunder! Einmal auf der Bühne, wollten sie nicht mehr weg. Sie warteten geradezu auf jede Gelegenheit, um wieder auf die Bühne zurückzukehren. Teilweise wurden riesige Anstrengungen unternommen und Umsatzrekorde nur deshalb erreicht, weil man vorne auf dem Podium stehen wollte!

Das Verwandeln einer Schwäche in eine Stärke ist einer der schönsten und zugleich wichtigsten Prozesse in unserem Leben. Gerade dieser Prozess bietet Ihnen die größten Wachstumspotenziale.

▪ Ehrliches Interesse an Ihrem Gegenüber

Dieser Punkt hat sehr viel mit Ethik, Ehre und Charakter zu tun. Ich erlaube mir deshalb auch, Sie vor einem großen Fehler zu warnen: Verkaufen Sie niemals in Ihrem Leben ein Produkt oder eine Dienstleistung, von der Sie nicht zu einhundert Prozent überzeugt sind. Hundertprozentige Überzeugung bedeutet, dass Sie dieses Produkt selbst kaufen oder kaufen würden, weil Sie von den Vorteilen des Produkts überzeugt sind und glauben, dass es Ihnen gut tut. Nur wenn Sie eine wahre und ehrliche Begeisterung für ein Produkt empfinden, dürfen Sie es verkaufen. Alles andere ist Heuchelei!

Das ehrliche Interesse an Ihrem Gegenüber können Sie nicht beweisen, indem Sie Fragen aus einem Katalog abspulen und zu allem Ja und Amen sagen, was der Kunde Ihnen erzählt. Es geht vielmehr um den Aufbau eines freundschaftlichen Bandes durch eine angeregte Konversation und ein ernsthaftes Interesse an einzelnen Themen. Auf der anderen Seite sollten Sie auch Ihrem Kunden die Gelegenheit geben, Sie kennen zu lernen. Ich selbst habe die Erfahrung gemacht, dass es für den Kunden von enormer Bedeutung ist, nicht nur den Verkäufer, sondern auch den Menschen dahinter etwas besser kennen zu lernen.

Sollten Sie jetzt darüber nachdenken, wie Sie solche Gespräche mit Ihrem Terminkalender vereinbaren, dann lassen Sie sich sagen: Der Kunde, bei dem Sie sitzen, ist der in diesem Moment wichtigste Mensch in Ihrem Leben. Andere Termine kann man durchaus verschieben.

■ Perfektes Outfit

Wir alle wissen zwar, dass ein schicker Anzug oder ein elegantes Kostüm noch lange keinen besseren Menschen aus uns macht, doch in der Realität sieht es anders aus. Als Menschen der „zivilisierten" Welt legen wir enormen Wert auf das äußere Erscheinungsbild unseres Gegenübers.

Alle Menschen und damit auch unsere Kunden möchten sich von erfolgreichen und kompetenten Gesprächspartnern beraten lassen. Sobald wir jemanden erblicken, der teuer gekleidet ist, einen perfekten Haarschnitt und sauber polierte Schuhe trägt, schätzen wir ihn automatisch als erfolgreichen und damit als kompetenten Menschen ein. Kleidung, Uhren, Handtaschen und andere Äußerlichkeiten sind nun einmal Statussymbole, an denen wir messen und gemessen werden. Wohlgemerkt: Ein gutes Outfit hat nicht unbedingt etwas mit einer prall gefüllten Geldbörse zu tun. Die wichtigste Grundlage für ein perfektes Äußeres ist eine stilvolle Abstimmung auf Ihren Typ und Beruf.

Gerade als Unternehmer, der im regelmäßigen Kundenkontakt steht, sollten Sie auch entsprechend gekleidet sein. Stellen Sie sich einmal vor, Sie betreten ein Bankhaus und möchten 100 000 Euro anlegen. Ein schlaksiger Mann mit Dreitagebart, ausgebeulten Jeans und einem buntkarierten Sakko bittet Sie an seinen Schreibtisch. Er zündet sich eine Zigarette an und mustert Sie dabei durch seine verschmierte, notdürftig mit Tesafilm geflickte Brille. Als er Sie nach Ihren Wünschen fragt, denken Sie vermutlich: Nichts wie weg hier!

Die Charakterisierung ist vielleicht etwas überzogen, aber leider nicht so weit von der Realität entfernt. Zwar findet man solche „Typen" nicht in Banken, aber unter den freien Finanzvermittlern sind sie durchaus vertreten.

Für ein gutes Outfit müssen Sie nicht unbedingt viel Geld aufwenden. Etwas Stil, gepaart mit dezenten Farben und ohne Mickymaus-Krawatte, sind ausreichend. Nehmen Sie sich einmal die Zeit und lesen Sie Modezeitschriften, lassen Sie sich in noblen Boutiquen beraten und suchen Sie mit diesen Anregungen nach preiswerten Alternativen, sofern Ihr Budget etwas teurere Kleidung nicht zulässt. Auch später, wenn Sie über das notwendige Einkommen verfügen, sind nicht mehr als 500 bis 1 000 Euro pro Anzug oder Kostüm notwendig. Sollten Sie natürlich nur von den edelsten Designern kaufen wollen, dann kann es auch ein wenig mehr sein.

Mein Tipp an dieser Stelle: Wenn Sie Geld ausgeben, dann sollten Sie spätestens an der Kasse einen Beratungstermin mit dem Verkäufer vereinbaren. Zum einen ist er jetzt daran interessiert, Ihr Geld zu kassieren und deshalb viel devoter, zum anderen bezahlt sich damit eventuell der neue Anzug oder das Kostüm.

▪ Fachliche Kompetenz

Kompetenz zeigt sich nicht unbedingt in Diplomen oder Doktortiteln. Die im Strukturvertrieb notwendige fachliche Kompetenz ist eher die Fähigkeit, die globalen Zusammenhänge eines Produkts zu verstehen, seine Wirkungsweise zu begreifen, Vor- und Nachteile in bestimmten Situationen zu kennen und alle für die Beratung notwendigen Fakten zu wissen. Es wird nicht ausreichend sein, wenn Sie ein Produkt nur nach Schema F erklären können. Viele Kunden werden Sie auch mit offensichtlich unsinnigen Fragen testen wollen und lauern nur auf den ersten Fehler. Jede von diesem Schema abweichende Frage wird Sie verunsichern, was der Kunde sofort bemerkt. Verschaffen Sie sich alle Informationen, die Sie benötigen, und spielen Sie verschiedene Szenarien durch, bevor Sie ein Beratungsgespräch führen.

Als kompetent bezeichnet man Menschen, die den Eindruck vermitteln zu wissen, wovon sie sprechen. Die einfachste, aber auch wichtigste Möglichkeit, um diesen Eindruck zu erzeugen, ist das Beherrschen der **Gesprächsleitfäden**. Selbst die „alten Hasen" und erfolgreichsten Verkäufer verfolgen immer einen roten Faden. Sicherlich gleicht kein Gespräch dem anderen, und doch sind sie im Grunde alle ähnlich. Ein weiterer Vorteil eines solchen Leitfadens ist die Möglichkeit, dass Sie, wenn Sie nicht ständig nach Worten und einer Richtung in Ihrem Gespräch suchen müssen, sich besser auf die nonverbale Kommunikation konzentrieren können.

Ein Tipp: Eignen Sie sich neben dem produktbezogenen Wissen auch eine gute Allgemeinbildung an und halten Sie sich beim aktuellen wirtschaftlichen und politischen Geschehen auf dem Laufenden. Sie werden viele neue Vorteile für Ihre Produkte erkennen, neue Argumente finden, und können sich vor allem auf breiterer Ebene mit Ihren Kunden unterhalten.

Aber wählen Sie zielgerichtet aus, welche Informationen für den Kunden relevant sind, und breiten Sie nicht Ihr gesamtes Wissen vor ihm aus. Der Kunde ist nicht an allen Details des Produkts interessiert, und es ist nicht notwendig, ihn damit zu langweilen oder sogar zu verunsichern. Ein Zuviel an Information führt zwangsläufig zu einer Blockade, da der Kunde mit seinem oft unzureichenden Fachwissen nicht in der Lage ist, mit dieser Flut umzugehen. Ein Signal hierfür ist der abschließende Satz aus seiner Richtung: „Das waren viele Informationen, über die ich erst einmal nachdenken muss!" Spätestens jetzt wissen Sie, dass Sie sich beim nächsten Verkaufsgespräch auf die notwendigen und wichtigen Informationen beschränken sollten.

Vielleicht haben Sie schon einmal etwas von einer so genannten **„Entree-Phase"** gehört. Dieses Entree wird trainiert, um das „Eis zu brechen" und einen emotionalen Kanal herzustellen. Aber es ist kein Allheilmittel. Mit einstudierten Entrees werden Sie nicht weit kommen. Zwar haben genormte Verkaufsgespräche einiges für sich, jedoch muss jedes Gespräch ausreichend Platz für die Individualität des Verkäufers und vor allem für die des Kunden bieten.

Bewahren Sie sich Ihre Individualität und geben Sie Ihr Bestes. Mehr ist nicht notwendig. Branchenkenner sagen sogar, dass eine perfekte Selbstdarstellung und ein intensives Vorgespräch unter Berücksichtigung der vier beschriebenen Faktoren zu achtzig Prozent über den Abschlusserfolg entscheiden. Ein Beispiel aus meiner eigenen Karriere: Meinen ersten Verkauf habe ich nicht aufgrund einer ausgefeilten Präsentation realisiert. Die war eher eine mittlere Katastrophe und wäre durchaus ein Kündigungsgrund gewesen. Nebenbei gesagt: Ich bin sehr froh, dass jenes Gespräch auf ewig ein Geheimnis zwischen meinem Kunden und mir bleiben wird! Der einzige Grund für meinen damaligen Erfolg war ein hohes Maß an Sympathie, das mich mit meinem Kunden verband. Ich wollte es lange nicht wahrhaben, aber mein Kunde hat damals nur aus einem einzigen Grund gekauft: Mitleid!

Je mehr Zeit Sie für ein Vorgespräch „erübrigen", umso erfolgreicher werden Sie verkaufen. So nett und schön die Begegnung aber auch immer sein mag, begehen Sie nicht den Fehler, sich sofort zu verbrüdern. Eine gewisse geschäftliche Distanz sorgt für Respekt und die notwendige Autorität.

1.2 Produktpräsentation und Verkauf – Phase II

Ein Hinweis vorab: Dieses Kapitel liefert Ihnen keine Darstellung verschiedener Argumentationstechniken und auch keinen Katalog von Formulierungsbeispielen für die Einwandbehandlung. Es geht vielmehr um die Grundlagen von Produktpräsentation und Verkauf, die Sie als Bausteine für ein solides Fundament benutzen sollten. Das Bauen selbst ist Ihre Aufgabe, die Ihnen niemand abnehmen kann und wird.

Präsentation und Verkauf stellen eine Einheit und einen gelungenen Mix dar. In den folgenden Ausführungen wird dieser Prozess deshalb nur noch als Präsentation bezeichnet.

Unerlässlich für den Erfolg einer Präsentation, sprich den darauf folgenden Abschluss, ist eine **klare Gliederung** unter Berücksichtigung psychologischer Faktoren. Und natürlich ist der Verkäufer selbst von zentraler Bedeutung. Eine Präsentation kann einschläfernd und langweilig oder humorvoll und spannend sein. Sie als Verkäufer entscheiden, in welche Richtung es geht. Im vorangegangenen Kapitel haben Sie erfahren, wie wichtig es ist, dass Sie zu einhundert Prozent von Ihrem Handeln und Ihrem Produkt überzeugt sind.

Die daraus resultierende **Begeisterung** ist der Schlüssel für alle Türen. Wann und warum tritt Begeisterung auf? Sie sind nicht automatisch begeistert, nur weil Ihnen gesagt wird, dass Sie begeistert sein müssen und Sie daraufhin eine Rolle spielen. Begeisterung tritt ein, wenn Sie den wahren Sinn einer Sache erkennen und feststellen, dass Ihnen oder anderen daraus ein bedeutender Vorteil erwächst. Das Wissen um diesen Zustand erzeugt jene Gefühle, die wir Begeisterung nennen. Ihre Begeisterung und die Freude an Ihrem Handeln muss in einer Präsentation allgegenwärtig sein. Aber bitte nur als echtes Gefühl, denn gespielt heißt verspielt!

Die eigentliche **Produktpräsentation** sollte so kurz wie möglich, spannend und idealerweise mit einem wohldosierten Schuss Humor gewürzt sein. Empfehlenswert ist, einen Zeitraum von maximal 30 Minuten für die reine Präsentation nicht zu überschreiten. Ihre Zuhörer sind nur begrenzt aufnahmefähig und verlieren zunehmend das Interesse an Ihren Ausführungen, wenn Sie zu lange reden. Versuchen Sie, Ihren Kunden so oft wie möglich zu einem Dialog zu bewegen, um so gemeinsam ein Ergebnis zu erarbeiten und gleichzeitig seine Aufnahmefähigkeit und sein Verständnis zu testen.

> **Die Bestandteile der Präsentation**
>
> 1. Nennen Sie das Thema Ihrer Beratung und erzeugen Sie Neugier, indem Sie erreichbare Vorteile kurz und prägnant darstellen.
> 2. Klären Sie die Ist-Situation Ihres Klienten im Bezug auf das von Ihnen angesprochene Thema und erfragen Sie seine Wünsche, Ziele und relevanten Kaufmotive.
> 3. Präsentieren Sie Ihr Produkt und binden Sie den Kunden, seine Wünsche, Ziele und Motive in das Gespräch ein.
> 4. Behandeln Sie die wichtigsten Einwände vorab und fordern Sie den Vorabschluss ein.
> 5. Wiederholen Sie alle Vorteile, die der Kunde erreicht, und führen Sie ihn gedanklich zur Realisation seiner Ziele und Wünsche.
> 6. Fordern Sie den Kunden zum Handeln auf und schließen Sie den Vertrag ohne Verzögerungen ab.
> 7. Bedanken Sie sich für das Vertrauen, das Ihnen entgegengebracht wurde.
> 8. Plauschen Sie ein wenig mit dem Kunden und sprechen Sie gezielt angenehme und persönliche Themen des Kunden an.
> 9. Vereinbaren Sie den eventuell notwendigen Folgetermin.

■ Interesse wecken und Spannung erzeugen

Der Großteil aller Kunden steht neuen Beratern und Produkten eher misstrauisch gegenüber. Deshalb sollten Sie als guter Verkäufer die erreichbaren Vorteile auszugsweise an den Anfang des Gesprächs stellen und den Kunden neugierig auf die folgenden Ausführungen machen.

Ein Beispiel aus der Praxis: Die Futura Finanz bedient sich hier einer einfachen, aber zugleich sehr effektiven Vorgehensweise. Das Primärprodukt der Futura Finanz ist eine optimierte Kapitalanlage, deren Effekt sich unmittelbar auf die Liquidität des Kunden auswirkt und sofort die Nettolohnauszahlung der folgenden Monate steigert. Der Einsatz der kopierten Gehaltsabrechnung von bereits beratenen Kunden erweist sich als überaus effektives Mittel, die Wirkungsweise positiv und in kürzester Zeit darzustellen. Natürlich wecken diese Belege ein sofortiges Interesse an mehr Information.

Überlegen Sie einmal, welche Vorteile Ihr Produkt hat und welche davon für eine erste Information interessant sein könnten. Idealerweise ist das der Gesprächsstoff der nächsten Besprechung im Rahmen eines Führungskräftetreffens.

Die wichtigsten Vorteile meines Produkts	Für eine erste Information interessant (bitte ankreuzen) ↓

■ Status quo, Ziele, Wünsche und Probleme

Nichts im Leben wird ohne Motiv getan, gekauft oder gesagt. Aus diesem Grund wäre eine reine Produktpräsentation ohne Bezugnahme auf die Motivation des Käufers reine Zeitverschwendung. Die Ziele und Wünsche und damit die Kaufmotive eines Menschen zu erfahren ist nicht schwer. Geben Sie dem Kunden ein oder zwei Hilfestellungen, und er wird sie Ihnen verraten. Natürlich ist die Art Ihrer Fragen stark abhängig von der Art des von Ihnen angebotenen Produkts. Haben Sie eine Kapitalanlage oder einen Sparvertrag in Ihrem Angebot, so müssen Sie selbstverständlich anders fragen, als wenn Sie einen Staubsauger oder einen Telefonvertrag verkaufen.

Sehr hilfreich ist beispielsweise die **Variante „Klein löst Groß"**. Diese Variante bezieht sich im ersten Schritt auf die Lösung eines Alltagsproblems oder das Erreichen eines sehr nahe liegenden – kleinen – Ziels, um damit das große zu erreichen. Sofern Ihr Produkt oder eine Produktkombination diese Möglichkeit bietet, sollte sie unbedingt im weiteren Verlauf genutzt werden.

Beispiel: Möchten Sie eine Kapitalanlage oder einen Sparplan verkaufen, dann fragen Sie doch einfach in folgender Art und Weise:

„Lieber Kunde, stellen Sie sich doch einmal vor, Sie gewinnen unerwartet 5 000 Euro in der Lotterie. Was würden Sie mit diesem Gewinn anfangen?"

Je besser Sie in Phase I gewirkt haben, um so persönlicher und intimer werden die Antworten sein. Jetzt kennen Sie die kleinen Problemchen und die ersten kleinen, aber in der Regel nicht wirklich wichtigen Wünsche und Ziele. Haken Sie nun noch einmal nach und erhöhen Sie den Betrag nach Ihrem Ermessen.

Wichtig bei allen Fragen ist, dass Sie auf jeden Wunsch und jedes Ziel eingehen und sie so weit wie möglich hinterfragen. Machen Sie sich Notizen. So unterstreichen Sie das ernsthafte Interesse an Lösungen für Ihre Kunden und vergessen keines der Ziele.

Nutzen Sie alle Momente, in denen der Kunde oder sein Partner spricht, und beobachten Sie die Gestik und Mimik sowie die Art, wie der Kunde mit Ihnen und seinem Partner redet. Vor allem aber, hinterfragen Sie alle Aussagen Ihres Kunden nach den wahren Hintergründen. Stellen Sie sich immer die Frage:

„Warum hat er das gesagt und wie hat er es gesagt?"

Durch die laufende Beantwortung dieser Frage in Verbindung mit den anderen Indikatoren können Sie sehr wichtige Informationen über das Wesen Ihres Kunden erhalten und diese später gezielt einsetzen – sowohl während der Präsentation als auch in der Abschlussphase.

Wenn Sie der Meinung sind, über ausreichend Informationen zu Wünschen und Zielen zu verfügen, sollten Sie zum nächsten Punkt übergehen.

■ Produktpräsentation und fachlicher Teil

Erinnern Sie sich bitte immer wieder daran:

> **Der Kunde interessiert sich nicht dafür, was das Produkt ist, sondern dafür, was es für ihn tun kann.**

Auch der Kauf eines Autos hat mit dem Auto an sich und seinen technischen Funktionalitäten relativ wenig zu tun. Ausschlaggebend sind Marken und Fahrzeugtypen. Alle Automarken vermitteln ein Image, mit dem sich der Kunde identifizieren soll. Beim Kaufprozess fragt er sich beispielsweise: Wie wirke ich mit diesem Auto auf meine Umwelt? Ist es überhaupt standesgemäß? Versuchten wir ein Automobil rein über die technischen Raffinessen der Achsaufhängung, die besonders hochwertigen Zündkerzen, die Funktionsweise der Einspritzanlage oder die Materialbeschaffenheit des Kabelbaums anzupreisen, so würde der Autokäufer vermutlich irgendwann lautstark fordern: „Ich will jetzt endlich das Auto sehen und eine Probefahrt machen!"

Das Gleiche gilt für Finanz- oder andere Produkte. Verzichten Sie bei der Präsentation auf zu viele „technische" Details. Konzentrieren Sie sich stattdessen immer darauf, die Belange Ihrer Kunden einzubinden und die erreichbaren Vorteile aufzuzeigen.

Jeder Kunde, mit dem Sie ein Beratungsgespräch führen, hat die folgenden beiden Gedanken im Hinterkopf:

- *„Der will mir etwas verkaufen."*
- *„Wenn es gut ist und mir etwas bringt, dann kaufe ich."*

Jeder Kunde denkt so. Sie auch! Sie würden niemals im Leben ein Geschäft betreten und sich gezielt beraten lassen, wenn Sie nicht den Wunsch hätten, etwas zu kaufen. Ob Sie es kaufen können, steht auf einem anderen Blatt. Der Kunde ist kein unmündiges Wesen, und er weiß eines ganz genau, nämlich dass dieses Gespräch zur Folge hat, dass er etwas kauft oder kaufen soll. Würde er nicht grundsätzlich offen sein, würde er dieses Gespräch mit Ihnen nicht führen. Es liegt an Ihnen, dem Kunden das Produkt so zu präsentieren, dass er sich mit seinen Bedürfnissen darin sieht. Natürlich ist es auch nicht selten vonnöten, dass Sie ihm Wege und Möglichkeiten aufzeigen, damit er es tatsächlich kaufen kann.

Ihre wichtigste Aufgabe besteht also darin, den Kunden davon zu überzeugen, dass es ein gutes Produkt ist, dass es seine Probleme löst oder dass er seine Ziele realisieren und wesentliche Vorteile genießen kann, wenn er es kauft.

■ Vorweggenommene Einwände und der Vorabschluss

Die Einwandbehandlung im Voraus und der Vorabschluss sind zwar wesentliche Bestandteile der Produktpräsentation, werden aber aufgrund ihrer Bedeutung in diesem Teil separat behandelt. Je nach Produkt ist es an dieser Stelle auch erforderlich, einen individuellen Betrag festzulegen. Bleiben wir bei unserem Beispiel der Kapitalanlage, so empfiehlt sich die Präsentation des Produkts immer anhand einer Musterrechnung. Sollte das rechnerische Ergebnis nicht den Wünschen beziehungsweise Möglichkeiten des Kunden entsprechen, so passen Sie die Rechnung in einem zweiten Durchlauf an das zu erreichende Ergebnis an. Die Neuberechnung sollte jedoch äußerst schnell ablaufen und ist stets im Dialog mit dem Kunden durchzuführen. Den für diese Neuberechnung erforderlichen Betrag lassen Sie sich vom Kunden benennen.

Inzwischen haben Sie Ihren Kunden und seine finanziellen Möglichkeiten genauer kennen gelernt und können sehr gezielte Vorschläge unterbreiten. Sehr hilfreich ist an dieser Stelle immer die Methode des Mittelwertes. Schlagen Sie ihm drei Beträge vor, und er wird sich in der Vielzahl der Fälle für die von Ihnen beabsichtigte Mitte entscheiden.

Der Vorabschluss ist nichts anderes als der eigentliche Abschluss, und er wird mit der Einwandargumentation verknüpft. Man formuliert ihn vorab in einer Frage, die sowohl als Stimmungsbarometer als auch später beim eigentlichen Abschluss zur „Erinnerung" an seine bereits gegebene Zusage dienen kann.

Im Vorfeld sei betont, dass ein Einwand kein „Nein" zu einem Produkt bedeutet. Ein Einwand ist in der Regel nichts anderes als ein Ausdruck des Nichtwissens und der damit verbundenen Unsicherheit. Eine Aussage, die im Umkehrschluss wie folgt lautet:

„Wenn Sie mir diesen Punkt erläutern und ich mit der Antwort zufrieden bin, dann werde ich das Produkt kaufen."

Gekauft wird nur, wenn man sich sicher ist. Ungeklärte Fragen führen zur Verunsicherung und sollten deshalb schon beantwortet werden, bevor sie beim Kunden entstehen.

Die möglichen Einwände für Ihr Produkt kennen Sie selbst am besten. Aus der gesamten Bandbreite an Einwänden kristallisieren sich erfahrungsgemäß immer zwei bis fünf Punkte als die häufigsten heraus. Diese Fragen sollten Sie mit dem Kunden gemeinsam erarbeiten, schriftlich fixieren und dann schrittweise beantworten. Schieben Sie diese Antworten nicht auf. Sie müssen sofort und in Gänze geklärt werden. Für den etwas unsicheren Kunden sollten Sie durchaus mehrere Antwortmöglichkeiten parat haben. Wichtig ist auch hier, dass alle Antworten leicht verständlich, kurz und einprägsam sind. Bedenken Sie bitte, dass Sie nicht der einzige Mensch sind, mit dem der Kunde sich über dieses Produkt unterhält. In den folgenden Tagen wird er mit Freunden und Bekannten über das Produkt sprechen. Liefern Sie ihm keine oder keine leichten und einprägsamen Argumente, die er problemlos anwenden kann, so wird er die Richtigkeit seiner Entscheidung anzweifeln, und die daraus resultierende Unsicherheit wird ihn zu einem Rücktritt bewegen. Auch wenn Kaufreue eintritt, können Sie durch Wiederholung dieser Argumentation sein Gedächtnis auffrischen und ihn milde stimmen. Er hört nichts Neues, sondern das Richtige zum wiederholten Male.

Listen Sie einmal alle Einwände auf, die der Kunde gegen Ihr Produkt oder Ihre Dienstleistung anführen könnte. Tragen Sie dann in die zweite Spalte Ihre Gegenargumente ein.

Möglicher Einwand	Gegenargument

Sofern es möglich ist, benutzen Sie immer bildhaft ausformulierte Beispiele oder sogar aussagefähige Dokumente.

Ist eine Frage beantwortet, empfiehlt es sich, diese mit einem Häkchen als erledigt zu markieren. So ist auch optisch untermalt, dass die Frage beantwortet ist.

Hier ein **Beispiel für einen Vorabschluss**:

Sie: *Herr Kunde, wir haben gemeinsam diese fünf Fragen aufgestellt, die für Sie von enormer Wichtigkeit sind. Herr Kunde, wenn ich heute und ohne Kompromisse diese für Sie wichtigen Fragen zu Ihrer einhundertprozentigen Zufriedenheit klären und beantworten kann ... keine 90 und keine 95 Prozent, sondern wirklich zu 100 Prozent, kommen wir dann ins Geschäft?*

Kunde: *Ja.*

Sie: *Ich fasse noch einmal zusammen: Wenn ich heute alle Fragen zu Ihrer vollsten Zufriedenheit klären kann, sprechen wir heute konkret über diese xxx Euro und kommen definitiv ins Geschäft!*

Holen Sie sich ein konkretes „ja". Sagt der Kunde „nein", dann sollten Sie herausfinden, was los ist. Am besten mit der Frage „Warum nicht?". Bekommen Sie ein „vielleicht", so fehlt wahrscheinlich eine Frage und Sie sollten erforschen, woher diese Unsicherheit kommt.

Im Normalfall können Sie jedoch immer mit einem „ja" rechnen. Dieses „ja" und den Betrag sollten Sie neben den Fragen notieren und einkreisen. Im Anschluss beginnen Sie mit der Beantwortung der Fragen, so wie es bereits beschrieben wurde.

■ Die gedankliche Realisation

Nachdem Sie sich die Zusage Ihres Kunden gesichert haben, alle Fragen geklärt und ein eventueller neuer Betrag festgelegt sind, sollten Sie die durch den Vorabschluss entstandene Spannung wieder aus dem Gespräch herausnehmen. Lehnen Sie sich kurz zurück und schaffen Sie eine angenehme Atmosphäre. Mit einem freundlichen Lächeln wiederholen Sie in komprimierter Form, was erforderlich ist, um das Produkt zu kaufen, und führen den Kunden nun gedanklich zur Realisation seiner Ziele und Wünsche. Wenn Sie ein Fuchs sind, dann übergeben Sie diese Aufgabe sogar dem Kunden und lassen ihn selbst resümieren.

Die gedankliche Realisation ist ein äußerst wichtiger Prozess in der Kaufphase. Nur wenn der Kunde erkennt, dass er die Lösung seiner Probleme oder die Erfüllung seiner Wünsche in greifbarer Nähe hat, wird er handlungsbereit sein. Der Königsweg ist der **Selbstverkauf** durch die Aufforderung an den Kunden, seine Vorteile und das für ihn positive Ergebnis zu wiederholen.

■ Aufforderung zum Handeln und der Abschluss

An diesem Punkt können Sie aufatmen. Der wichtige und entscheidende Teil ist vorbei. Zu Beginn einer Verkäuferlaufbahn glauben sehr viele Menschen, dass der Abschluss der Moment der Entscheidung sei. Weit gefehlt! Der „Abschluss" ist eine reine Formalie. Der Verkauf hat längst stattgefunden. Es gilt nur noch, das Gesagte zu Papier zu bringen.

In der Praxis beobachtet man, dass viele Verkäufer, die die Phase I und II in exzellenter Form gemeistert haben, an dieser Stelle nasse Hände bekommen und sich den Abschluss selbst zunichte machen. In dieser Phase weiß der Kunde, genauso wie der Verkäufer, dass alles besprochen und geklärt ist, der Kauf bereits bejaht wurde und es Zeit zum Unterzeichnen ist. Und doch wird der Verkäufer häufig unsicher und infiziert mit dieser Unsicherheit den Kunden.

Da ist es wieder, unser Problem: Unsicherheit blockiert jeden Kaufprozess. Der Kunde ringt nach Luft und sucht nach Ausreden, um Zeit zu gewinnen. Der Verkäufer interpretiert diese Reaktion falsch, und das Fiasko nimmt seinen Lauf. Wenn Sie sehr gut in Ihrer Argumentation sind und sich im Laufe der Zeit darauf besinnen, im rechten Moment Ruhe zu bewahren, dann haben Sie eventuell noch eine Chance für einen zweiten Anlauf.

Machen Sie sich keine Sorgen. Diese Unsicherheit vergeht relativ schnell, wenn Sie beginnen, den Abschluss als Selbstverständlichkeit zu betrachten. Ihre wichtigste Aufgabe in diesem Moment ist, Ruhe und Gelassenheit auszustrahlen. Gleichzeitig müssen Sie jetzt wachsam sein und Ihren Kunden und dessen Partner genau beobachten. Das ist sozusagen der letzte „Checkup" vor der Unterzeichnung. Wackelt einer, so können Sie es jetzt sehen und sich auf ihn konzentrieren. Sofern die Möglichkeit besteht, sollten Sie unbedingt den Partner des Kunden als Verbündeten gewinnen. Entwickeln Sie, so schnell es geht, eine „Notfallstrategie" auf Grundlage der von Ihnen während des gesamten Gesprächs gesammelten Informationen und handeln Sie entsprechend. Oftmals reicht ein Lächeln in Verbindung mit einem Augenzwinkern oder das beruhigende Auflegen einer Hand mit den Worten:

„Machen Sie sich mal keine Sorgen. Wenn irgendetwas ist oder Sie eine Frage haben, ich bin immer für Sie da!".

Das ist kein Allheilmittel und kann bei manchen Menschen genau das Gegenteil erwirken. **Handeln Sie immer typgerecht.** Dazu ist kein Studium der Psychologie notwendig, sondern nur Aufmerksamkeit und eine permanente Analyse Ihrer Gesprächspartner.

Sollte Ihr Kunde offensichtlich Angst haben oder noch immer unsicher sein, dann sprechen Sie ihn direkt darauf an und kümmern Sie sich um seine Frage(n).

Die Frage nach der allseits perfekten Abschlusstechnik muss hier leider unbeantwortet bleiben. Es gibt nämlich keine! Der Verkauf lebt von seiner Individualität, und eine erfolgreiche Technik entspringt letztlich der Fähigkeit, in einer Situation richtig zu reagieren. Reagieren bedeutet sinngemäß, das Agieren Ihres Kunden gedanklich zu verarbeiten und den Ball gekonnt zurückzuspielen.

Wie auch nach dem Vorabschluss entsteht in dieser letzten Phase eine Anspannung beim Kunden aufgrund der „drohenden" Unterschrift. Es handelt sich um ein völlig normales Verhalten, und Sie dürfen diesen Zustand nicht überbewerten. Im Gegenteil. Werden Sie noch ruhiger, strahlen Sie Sicherheit aus und betrauen Sie den Kunden mit einer Aufgabe die im direkten Zusammenhang mit dem Antrag oder dem Vertrag steht. Das könnte das Heraussuchen der Kontonummer sein, der Steuernummer oder was auch immer.

Während der Zeit des Papierkriegs sollten Sie in ständiger Interaktion mit Ihrem Kunden und dessen Partner stehen. Auch wenn es albern erscheint, erklären Sie dem Kunden ruhig jeden Abschnitt, während Sie ihn ausfüllen. Sie können den Schuh ja auch einmal umdrehen und sich die Arbeit abnehmen lassen. Es spricht doch nichts dagegen, dass der Kunde den Antrag selbst ausfüllt. Und zum guten Schluss:

„Bitte fest aufdrücken. Sie wissen ja, Ihre Unterschrift muss auch auf dem letzten Durchschlag leserlich sein!"

Sicherlich kann es an dieser Stelle zu einem „Aussetzer" kommen. Diese Aussetzer haben den gleichen Hintergrund wie für ein „Nein" bei einem Vorabschluss. Es existiert eine noch nicht gänzlich und/oder positiv beantwortete Frage. Sehr häufig handelt es sich in diesem Moment um die Frage der Finanzierung. Gehen Sie der Sache auf den Grund, klären Sie die Frage, setzen Sie erneut zum Abschluss an und benutzen Sie dafür eine neue Argumentation. Werden Sie allerdings mit Vorwänden konfrontiert, also einer Ausrede, um nicht kaufen zu müssen, so gehen Sie humorvoll darüber hinweg und fahren Sie fort.

■ Das ehrliche Dankeschön

Erinnern Sie sich an den Punkt: „Ehrliches und ernsthaftes Interesse an Ihrem Gegenüber"? Sie haben gerade ein Produkt oder eine Dienstleistung verkauft, weil Sie und der Kunde der Meinung sind, dass es für diesen Moment das Beste ist, was man hätte machen können. Nicht selten vertrauen Ihnen die Kunden mehrere tausend, hunderttausend oder gar mehr Euro an. Ja, Ihnen! Auch wenn der Kunde nur 50 Euro monatlich einzahlt, so werden es im Laufe der Jahre zuzüglich der Rendite tausende Euro sein. Der Kunde kann weder das Produkt noch dessen Initiator ausreichend einschätzen. Der Vertrauensbonus gehört Ihnen. Der Kunde unterstellt Ihnen, dass Sie sich ausreichend mit Produkt und Initiator auseinandergesetzt haben und in der Lage sind, eine fachlich kompetente, gleichfalls auch seriöse Beratung durchzuführen. Deshalb ist es wichtig, dass Sie sich dieser Verantwortung bewusst sind und diesen Umstand auch gebührend honorieren.

Sie sind der Fachmann. Das erkennt der Kunde an und belohnt Sie mit einem Abschluss. Deshalb ist es eine natürliche Angelegenheit und einfache Frage der Höflichkeit, sich dafür zu bedanken. Nebenbei bemerkt sollten Sie auch nicht vergessen, dass Sie gerade einiges an Provision verdient haben! Bedanken Sie sich höflich, mit einem Lächeln, einer seriösen Ernsthaftigkeit und geben Sie Ihrem Kunden das ehrlich gemeinte Versprechen in die Hand, dass Sie, egal was auch immer passieren sollte, für ihn da sind.

■ Anhauen – umhauen – abhauen ... oder war da noch was?

Das Geschäft ist erledigt, und alle Formalitäten sind geklärt. Jetzt wird es wieder Zeit, die entstandene Anspannung abzubauen. Vergessen Sie nicht, es war ein harter Tag für den Kunden. Ich habe diese Phase gerne mit der Frage eingeleitet, ob es erlaubt sei, die Krawatte zu entfernen. Das macht Sie menschlich und lockert die Atmosphäre.

Noch wichtiger ist, dass Sie jetzt alle Unterlagen vom Tisch nehmen, sowohl Ihre als auch die des Kunden. Die geschäftliche Phase ist vorbei, und das sollte auch demonstriert werden. Schließen Sie die Beratung mit einem netten Plausch ab. An dieser Stelle bietet sich immer etwas Persönliches aus Ihrem Leben an. Denken Sie daran: Der Mensch hinter dem Verkäufer ist ebenso wichtig wie dessen Kompetenz.

■ Wenn ein Gespräch nicht ausreicht

Erwähnt sei an dieser Stelle auch die Tatsache, dass es Produkte gibt, die nicht am ersten Tag verkauft werden können. Insbesondere der Verkauf von Immobilien benötigt mindestens zwei Gespräche. Trotzdem ändert sich an der Reihenfolge der Präsentation nichts. Vielmehr ist diese Präsentation zweimal durchzuführen. Das erste Gespräch wird anhand eines Beispiels geführt, und es ist erforderlich, zwei wichtige Ergebnisse sicherzustellen.

Das wichtigste Ziel des ersten Gesprächs ist der **Vorabschluss** nach dem Muster:

„Wenn Sie das in der Theorie Versprochene bei mir auch in der Praxis darstellen können, dann kaufe ich auf jeden Fall."

Das andere Ziel ist eine vollständig ausgefüllte und unterzeichnete **Selbstauskunft.** Bei anderen Produkten mag auch nur die Feststellung der Einkünfte, des bisherigen Vorgehens und der bereits vorhandenen Anlagen, Investitionen und Versicherungen vonnöten sein.

Diese Selbstauskunft ist zwingend notwendig, um die Bonität des Kunden zu prüfen und selbstverständlich auch, um ein passendes Objekt auswählen zu können. Bitte bedenken Sie: Gerade beim Verkauf einer Immobilie als Kapitalanlage steht nicht das Objekt im Vordergrund. Der Objektverkauf ist einer der letzten Teile des zweiten Verkaufsgesprächs. Der Kunde muss die Wirkungsweise und die positiven Aspekte des Erwerbs erkennen und „kaufen". Erst wenn diese Phase abgeschlossen ist, folgt der

Objektverkauf. Dementsprechend sieht also auch das eigentliche Verkaufsgespräch genauso aus wie das erste Gespräch. Nur mit dem Unterschied, dass Sie die Musterrechnung durch die objektbezogene Rechnung ersetzen. Ist der Vorabschluss in der Tasche, dann gehen Sie auf das jeweilige Objekt ein.

Zwischen beiden Gesprächen sollten Sie regelmäßig Kontakt zu Ihrem Kunden halten, um so eventuell auftretende Fragen sofort klären zu können. Der **Folgetermin** muss unbedingt am Ende des Gespräches fest vereinbart werden. Der ideale Zeitraum zwischen dem ersten und zweiten Verkaufsgespräch beträgt exakt drei Tage. Nicht mehr, aber auch nicht weniger. Das gilt ausnahmslos für alle Produktarten oder Dienstleistungen, die ein solches Vorgehen erfordern. Beispielsweise ist der Kauf einer Immobilie nicht zu vergleichen mit dem Kauf einer Versicherung oder Waschmaschine. Der Kunde, insbesondere dann, wenn er das erste Mal eine Immobilie erwirbt, benötigt Zeit, um sich mit diesem Gedanken anzufreunden. Lassen Sie hingegen zu viel Zeit vergehen, schwindet das positive Gefühl aus dem Erstgespräch derartig, dass Sie Gefahr laufen, den Kunden zu verlieren.

Auch hier hilft Psychologie ein Stückchen weiter. Ich selbst habe das Erstgespräch sehr gerne mit folgender Aussage abgeschlossen:

„Ob Sie ein Objekt kaufen oder nicht, das entscheiden nicht Sie! Ich auch nicht. Die Entscheidung trifft in diesem Falle die Bank. Warten wir ab, in wenigen Tagen wissen wir mehr. Aber aus meiner Erfahrung heraus sieht es ziemlich gut aus."

Somit liegt die Konzentration weniger auf der Überlegung, ob es gekauft wird, sondern verstärkt auf der Angst, es nicht kaufen zu können. Die Frage der Finanzierung bietet den perfekten Einstieg im Zweitgespräch. Der Kunde wird sehr gespannt darauf warten, was denn nun die Bank gesagt hat.

Ich verrate Ihnen auch gerne meine Lieblingseinleitung, die immer Wunder bewirkte:

„Liebe Familie Kunde, ich habe zwei Nachrichten für Sie. Die erste ist eine gute...(kleine Pause), die zweite eine sehr gute! Welche möchten Sie zuerst hören? Liebe Kunden, die Bank finanziert Sie. ...(kleine Pause) Und die sehr gute Nachricht ist, dass wir für Sie eine Wohnung gefunden haben, die so perfekt passt, als wäre sie nur für Sie geplant worden."

2. Akquisition und Empfehlungsmarketing

Die Akquisition kann man als den neuralgischen Punkt überhaupt bezeichnen. Hier und nur hier liegen die Ursachen für Erfolg und Misserfolg. Selbst tausende Geschäftspartner können Ihnen nicht weiterhelfen, wenn sie die Akquisition nicht beherrschen.

Sind ein Geschäftspartner oder ein Unternehmen nicht in der Lage, ausreichend Kunden zu akquirieren, so werden sie scheitern. Die Frage, warum der eine erfolgreicher ist als der andere, beantwortet sich immer damit, dass der Erfolgreichere mehr Umsatz macht. Mehr Umsatz heißt, mehr Kunden in der gleichen Zeit zu akquirieren. Die von den Geschäftspartnern eines Unternehmens generierten Umsätze pro Kunde sind im Durchschnitt immer vergleichbar. Die einzige Chance, bei gleichbleibender Mitarbeiteranzahl den Umsatz zu steigern, ist, die Akquisition zu intensivieren. Es gilt die Regel:

> **Auch der schlechteste Verkäufer wird irgendwann verkaufen, und sei es nur, weil der Kunde Mitleid mit ihm hat. Er muss den Akquisitionsprozess nur oft genug wiederholen. Der Spitzenverkäufer wird nie mehr etwas verkaufen, wenn er den Kunden nur noch aus Erzählungen oder den guten alten Zeiten kennt.**

Das wichtigste Ziel eines Verkäufers ist es also, so oft wie möglich bei neuen Kunden auf der Couch zu sitzen. Der Verkauf und die Abschlussquote sind in der Regel nur eine Frage des Trainings und ausreichender Wiederholung. Das erscheint selbstverständlich, ist es aber nicht.

Die allseits beliebten „Vertriebskrücken" wie beispielsweise Call Center, Wurfsendungen, Zettel an der Windschutzscheibe oder Kaltakquisition werden Ihnen nicht oder nur zufällig weiterhelfen. Bis zu einem gewissen Grad mögen sie funktionieren, allerdings haben sie keine Chance auf großartiges Wachstum. Den Call Centern fehlt in diesem Bereich oftmals der betriebswirtschaftliche Sinn, und Kaltakquisition ist so ziemlich das Schlimmste, was man sich und seinen Geschäftspartnern antun kann. Vor allem sind beide Methoden nicht für die Menge duplizierbar. Wurfsendungen werden ungelesen in den Papierkorb befördert, und Zettel an der Windschutzscheibe sind nicht nur ärgerlich, sondern belasten auch die Umwelt.

Akquisition erfordert ein Höchstmaß an Professionalität und ist harte Arbeit. Hart wegen der notwendigen Disziplin und Kontinuität. Der einzig gescheite und somit der Königsweg ist das **Empfehlungsmarketing**. Diese Art der Akquisition und des Vertriebs existiert schon so lange, wie es Handel gibt.

Es liegt in der Natur des Menschen, positive Erfahrungen mit seiner Umwelt zu teilen, beziehungsweise diese von anderen abzufordern. Wahrscheinlich haben Sie den Großteil aller Waren, Produkte und Dienstleistungen, die Sie nutzen, aufgrund einer Empfehlung gekauft. Entweder war es die Empfehlung oder Erfahrung eines Menschen in Ihrem Umfeld oder die Empfehlung des Verkäufers. Die Wahl eines Steuerberaters, Arztes oder Anwalts überlassen wir doch auch nicht dem Zufall, sondern wir greifen in der Vielzahl der Fälle auf die Erfahrungen unserer Mitmenschen zurück. Auch an dieser Stelle spielen Vertrauen und Glaubwürdigkeit eine sehr große Rolle. Wir sind nur dann an einer Empfehlung interessiert, wenn wir dem Empfehlungsgeber ein ausreichendes Maß an Glaubwürdigkeit unterstellen oder wir diesem Menschen vertrauen.

Dieses Grundprinzips bedient sich auch die Werbeindustrie. Die effektivste Form der Produktwerbung ist die Darstellung einer allseits bekannten und vertrauenserweckenden Person des öffentlichen Lebens, die ein so genanntes Testimonial abgibt. Erfolgreiche Menschen sind in den Augen der Kunden glaubwürdig. Empfiehlt eine glaubwürdige Person ein Produkt, dann wird es gekauft.

Das für uns relevante Empfehlungsmarketing teilt sich in zwei Bereiche auf, den direkten und den indirekten Weg.

2.1 Der direkte Weg

Hier geht es um **das aktive Nutzen von Kundennetzwerken**. Dabei handelt es sich um jene Netzwerke, die auch Arbeitsgrundlage für Vertriebe des Network-Marketing sind. Es gilt, eine positive Produkterfahrung weiterzutragen. Jedoch ist in dieser Rolle das Unternehmen eher auf der Passivseite und der Kunde als aktiver Teil zu sehen. Im Strukturvertrieb funktioniert diese Systematik zwar auch, benötigt aber zu viel Zeit. Deshalb müssen die Rollen getauscht werden. Der Kunde nimmt den passiven und der Verkäufer den aktiven Teil des Empfehlungsmarketings ein.

Jeder Mensch verfügt über ein Beziehungsnetzwerk, das aus den unterschiedlichsten Größen, Kontakten und Personen besteht. Ihre Aufgabe als Verkäufer ist es, diese Netzwerke aktiv, natürlich mit Erlaubnis des Kunden, und auf seriöse Weise zu benutzen. Besonders interessant sind in diesem Zusammenhang diverse Fallstudien und Untersuchungen, die folgende Tatsachen belegen:

- Ein erwachsener Mensch kennt im Durchschnitt 500 Personen und teilweise ein Vielfaches davon.
- Die Welt ist ein Dorf.

Haben Sie das auch schon einmal erlebt? Sie sind im Urlaub, auf einer Party oder am anderen Ende der Welt, lernen fremde Menschen kennen, und nach ein paar Runden „Small talk" stellt man überrascht fest, dass man einen gemeinsamen Bekannten hat. In den sechziger Jahren wurde zu dieser Alltagsweisheit von dem Psychologen Stanley Milgram eine wissenschaftliche Theorie entwickelt. Diese Theorie besagt, dass jeder Mensch mit jedem beliebigen Menschen auf dieser Welt über höchstens sechs Ebenen beziehungsweise Verknüpfungspunkte bekannt ist. Zur Zeit untersucht eine Forschungsgruppe der Columbia University in New York diese These mit Hilfe des Internets (www.smallworld.sociology.columbia.edu). Ich kenne zum Beispiel über drei Ecken Bill Clinton, über zwei Michael Schumacher und über einen Verknüpfungspunkt Rowan Atkins (Mr. Bean). Nicht auszudenken, wen ich alles kenne, wenn wir mal eine oder zwei Ebenen weiter denken. Wenn Sie also schon Michael Jackson, Madonna oder unseren Bundeskanzler über maximal sechs Ecken kennen, dann sollte es doch nicht schwer fallen, die Personen zu finden, die für Ihren beruflichen Erfolg wichtig sind.

Wenn wir also folgerichtig wissen, dass wir, unser Umfeld und unsere Kunden die Menschen kennen, die für unsere Arbeit wichtig sind, dann stellt sich nur noch die Frage, wie wir an sie herankommen. In erster Linie sind unsere eigenen Kontakte wichtig.

Ihre Kontakte und die damit verbundenen weitergehenden Beziehungsnetzwerke sind Ihr wichtigstes Kapital, das es zu hegen und zu pflegen gilt.

Beginnen Sie also damit, sich einen Überblick über Ihre Kontakte zu verschaffen. Dieser Überblick ist eine nicht endende Liste an Kontakten, die regelmäßig von Ihnen durch neue Kontakte ergänzt wird. Es ist auch unerheblich, wie alt diese Kontakte sind oder ob sie auf den ersten Blick nützlich erscheinen.

Nachdem Sie diese Liste angefertigt haben, fahren Sie mit der Selektion fort. Sie selektieren anfänglich Ihre engsten Kontakte und markieren diese auf einer separaten Liste mit der Kennung „A". Im zweiten Durchlauf suchen Sie die „B"-Kontakte heraus. Das sind die weitläufigeren Bekanntschaften, mit denen Sie selten oder zurzeit gar keinen Kontakt haben. Die „C"-Kontakte sind Ihre Kunden, sofern sie schon welche haben. Das können durchaus auch Kunden aus anderen Bereichen oder früheren Tätigkeiten sein.

Es gibt noch eine weitere Kategorie auf Ihrer Liste, die Sie im Vorfeld außer Acht lassen sollten. Das sind Ihre Neider und Menschen, die es definitiv nicht gut mit Ihnen meinen. Diese Kontakte heben Sie sich für später auf, wenn Sie über ausreichende Erfahrungen, Erfolge und das daraus resultierende Selbstvertrauen verfügen. Solche Kontakte schaden Ihnen anfänglich nur, und sie sollten deshalb vorerst ignoriert werden. Auch später sollten Sie sich genau überlegen, ob Sie sich solche Gespräche überhaupt antun möchten und ob sie sinnvoll sind.

Starten Sie erst dann, wenn Sie diese Hausaufgaben erledigt haben. Zusätzlich zu den Namen Ihrer Kontakte ist auch eine Kontaktmöglichkeit notwendig. Normalerweise ist es die Telefonnummer, jedoch kann in einigen Fällen auch der direkte Kontakt sinnvoll sein. Die Entscheidung darüber sollten Sie und eventuell Ihre Führungskraft mit Ihnen gemeinsam fällen.

Der nächste Schritt ist die Publikation Ihrer Tätigkeit, vergleichbar mit der Aufgabe, die einem Rechtsanwalt oder Arzt bevorsteht, wenn eine eigene Praxis eröffnet wird. Sie wären nicht sehr klug, wenn sie davon ausgingen, dass die Eröffnung einer Kanzlei oder Praxis ausreichen würde, um Kunden beziehungsweise Klienten zu gewinnen. Das Resultat dieser Annahme wäre der schnelle Ruin.

Auch hier gilt die einfache aber treffende Regel:

> **Ohne Kontakte keine Kontrakte.**
> **Das gilt ausnahmslos für jeden Unternehmer.**

Also bedient sich ein Rechtsanwalt oder Arzt oft der offiziellen Geschäftseröffnung im Rahmen einer Party oder Vernissage in seinen Räumen. Eingeladen wird alles und jeder mit dem Ziel, bekannt zu machen, dass der Anwalt eine eigene Kanzlei hat und bereit ist, Kunden zu empfangen. Wer von Ihnen kennt die Frage: „Sag mal, kennst du einen guten Anwalt?" Waren Sie gerade auf einer solchen Eröffnung, werden Sie vermutlich spontan sagen: „Klar, mein Freund Hans ist Anwalt und hat eine eigene Kanzlei."

Genau darum geht es auch bei Ihnen. Sie müssen Ihrem Umfeld mitteilen, dass Sie bereit sind, Kunden zu beraten und es auch können. Ihr Weg sieht jedoch ein wenig anders aus. Sie veranstalten für jeden Kontakt eine persönliche Eröffnung.

Vereinbaren Sie mit Ihren Bekannten und Freunden Termine und besuchen Sie diese anfänglich immer mit Ihrem Betreuer gemeinsam! Ihr Betreuer wird für Sie arbeiten. Sie sitzen daneben, hören zu und lernen. Ihre einzige Aufgabe ist es, im Vorfeld den Termin zu vereinbaren und Ihren Betreuer als kompetenten und seriösen Geschäftspartner zu verkaufen.

Warum mit einem Betreuer? Nicht, weil ich Ihnen nicht zutraue, dass Sie in der Lage wären, dieses Gespräch alleine zu führen. Vielmehr geht es hierbei wieder um die Psyche und Denkweise unserer Mitmenschen.

Wenn Sie zum Beispiel in Ihrem früheren Leben oder auch jetzt noch als Automechaniker arbeiten, so werden Ihre Freunde Ihnen garantiert sämtliche Kompetenzen in diesem Bereich zusprechen und Ihnen auch bedenkenlos Autos anvertrauen. Man wird Ihnen jedoch in der Anfangsphase kein Wort glauben, wenn Sie sozusagen über Nacht zum Finanzexperten mutiert sind.

Ihr Betreuer wird sämtliche Aufgaben für Sie übernehmen. Auch die Frage, ob man mit Bekannten Geschäfte macht oder nicht, beantwortet sich letztlich von selbst. Zum einen sind nicht Sie der Verkäufer, sondern Ihr Betreuer, und vor allem aber liegt die Entscheidung bei jedem Kunden selbst. In dieser Phase sind Sie „nur" der Empfehlungsgeber, der gute Freund oder Bekannte, der Vorteile empfiehlt und nicht mehr. Selbstverständlich werden Sie im Rahmen des Karriereplans für diese Empfehlung honoriert und bekommen die Bewertung dieses Abschlusses für später folgende Beförderungen auch angerechnet.

Die wichtigste Aufgabe, die Ihr Betreuer in diesem Moment hat, ist nicht der Verkauf des Produkts, sondern das **aktive Generieren von Empfehlungen**. Diese Empfehlungen stehen absolut im Vordergrund und sind logischerweise nur dann zu bekommen, wenn der Kunde auch eine Produktpräsentation erfahren hat.

Wie wir bereits festgestellt haben, ist nur mit einer professionellen Präsentation eine positive Einstellung beim Kunden zu erzeugen. Sie ist somit der einzige Zugangsweg, um qualifizierte Empfehlungen zu erhalten. Dass dieser Präsentation sehr häufig ein Abschluss folgt, ist „leider" nicht zu verhindern.

Alle Empfehlungen, die auf diese Weise gewonnen werden, bilden die eigentliche Basis Ihrer Vertriebskarriere. Sie werden so lange mit Ihrem Betreuer unterwegs sein, bis Sie selbst unter Beweis gestellt haben, dass Sie den kompletten Verkaufsprozess inklusive der wichtigen Empfehlungsnahme perfekt beherrschen und auch über das notwendige Fachwissen verfügen.

Wenn Sie später perfekt ausgebildet in den Verkaufsprozess eintreten, werden Ihre Kunden die von Ihren Freunden und Bekannten empfohlenen Menschen sein. Hier haben Sie den Vorteil, dass Sie auf neutrale Einstellungen treffen und keiner dieser Kunden weiß, dass Sie Automechaniker sind oder waren. Die Kunden erleben Sie als einen Finanzberater, der über eine exzellente Ausbildung verfügt, seriös und kompetent ist. Auch wenn Sie jetzt Ihre Gespräche alleine führen, sollte der Fokus und das

Endziel eines jeden Beratungsgesprächs darauf liegen, Empfehlungen vom Kunden zu bekommen. Ein gewonnener Kunde ist schön und sorgt vielleicht dafür, dass Sie überleben können. Empfehlungen aber sorgen für ein florierendes Geschäft.

Einige Verkäufer beziehen die Empfehlungen auch als Bedingung für den Abschluss in ihre Präsentation mit ein. Eine solche Bedingung kann allerdings je nach Typ und Bildungsgrad des Kunden durchaus schief gehen. Zweifellos funktioniert diese Methode. Ob sie jedoch von Ihnen übernommen wird, sei Ihrer Entscheidung und Erfahrung überlassen.

Ich habe überwiegend den Weg gewählt, bereits in der Phase I kurz vor Beginn der Präsentation das Thema anzusprechen. Viele Kunde fragen nach einem zu zahlenden Honorar für diese Beratung beziehungsweise, selbst wenn diese Frage nicht gestellt wird, so denken sie zumindest darüber nach. Diese Frage können Sie durchaus vorwegnehmen, indem Sie den Kunden Folgendes fragen:

Sie: *Sie werden sich sicherlich bereits gefragt haben, wie meine Dienste honoriert werden.*

Kunde: *Ja, wie denn?*

Sie: *Für unsere Beratungsleistung werden wir von unseren Produktpartnern honoriert. Jedoch können Sie sich denken, dass die Kundengewinnung eine sehr teure Angelegenheit ist und letztlich immer wieder vom Kunden in Form höherer Beiträge oder geringeren Renditen bezahlt werden muss.*

Diesen Ansatz verfolgen wir nicht (und das ist auch der Grund dafür, warum Sie von unserem Unternehmen noch nichts im Fernsehen oder im Radio gehört haben). Wir wollen für Sie den höchsten Nutzen bei gleichzeitig günstigen Beiträgen darstellen, und deshalb arbeiten wir grundsätzlich nur auf der Basis von Kundenempfehlungen.

> *Diese Empfehlungen bekommen wir selbstverständlich nur dann, wenn unsere Kunden vollends mit unserer Beratung und den Produkten zufrieden sind. Genau aus diesem Grund sitze ich aber heute bei Ihnen, weil Ihr Freund Herr Mustermann eine Empfehlung ausgesprochen hat. Geben auch Sie mir Recht, dass dieser Weg sehr vernünftig und für alle Beteiligten der beste ist?*
>
> **Kunde:** *Ja, das klingt einleuchtend und macht Sinn.*

2.2 Das Empfehlungs- oder Referenzgespräch

Auch beim Empfehlungs- und Referenzgespräch zeigt sich, wie wichtig eine professionell durchgeführte und gelungene Phase I ist. Nur dann, wenn Sie das volle Vertrauen des Kunden genießen, werden Sie qualitativ hochwertige Empfehlungen erhalten.

Der richtige Zeitpunkt für Empfehlungen ist der Moment, in dem der Kunde am stärksten für Sie und das Produkt motiviert ist. Dieser Zustand entsteht kurz vor dem Abschluss während der Präsentation bei Punkt 5 (gedankliche Realisation) und wird durch Punkt 7 (ehrliches Dankeschön) untermauert. Genau **im Anschluss an Punkt 7** müssen Sie beginnen, das Empfehlungs- oder Referenzgespräch einzuleiten. Hier ein Beispiel:

„Herr Kunde, Sie erinnern sich an unser Gespräch über die Kosten der Kundengewinnung und den Vorteil der Kundenempfehlungen. Sie gaben mir Recht, dass es der beste Weg für alle Beteiligten sei.

Nicht zu vergessen ist auch die Tatsache, dass Sie nur aus einem einzigen Grund all diese Vorteile, Produkte und meine Beratung erfahren haben. Ihr Freund Herr Mustermann hat eine Empfehlung ausgesprochen!

Jetzt fallen Ihnen selbst garantiert 20 oder sogar 25 Personen ein, die auch gerne monatlich mehr Nettolohnauszahlung und die gleichen Vorteile hätten wie Sie. Nur muss ich Ihnen gestehen, dass mir für die Beratung von 20 Personen einfach die Zeit fehlt. Aber ich verspreche Ihnen eines in die Hand: Ihre besten fünf Freunde und

Bekannten werde ich auf jeden Fall beraten, damit sie ebenfalls in den Genuss der gleichen Vorteile kommen wie Sie jetzt auch. Wer wäre das zum Beispiel? Aber bitte nennen Sie nur den Vornamen!"

Notieren Sie den Vornamen auf Ihrer Liste und fragen Sie gezielt weiter:

„Dankeschön, wer noch?"

Diese Frage wiederholen Sie so lange, bis Sie mindestens fünf Vornamen auf Ihrer Liste haben.

Wir konzentrieren uns absichtlich nur auf den **Vornamen.** Der häufigste Grund, warum Berater keine Empfehlungen bekommen, ist eine falsche Fragetechnik. Fragen Sie sofort nach allen Informationen, so wird der Kunde sehr viel nachdenken und im Normalfall auch sein Telefonbuch suchen müssen. Haben Sie das ein- oder zweimal gemacht, hören Sie plötzlich: „Mir fällt keiner mehr ein!"

Weiterhin besteht die Gefahr, dass Sie minderwertige Empfehlungen erhalten. Der Kunde ist oft geneigt, nach Personen zu suchen, die seiner Meinung nach in stattlichen finanziellen Verhältnissen leben, aber nicht zum engsten Freundeskreis zählen. Solche Empfehlungen sind nicht sonderlich viel wert. Warum, das werden Sie in den nachfolgenden Passagen des Akquisitionsgesprächs erkennen.

Eine qualifizierte Empfehlung rekrutiert sich aus dem engsten Freundes- und Bekanntenkreis oder der Familie des Kunden und dem damit verbundenen Vertrauen. Deshalb fragen Sie immer nach dem Vornamen.

Unser Gehirn ist in seiner Funktionsweise überaus flexibel. Es ist in der Lage, Erinnerungen und gespeicherte Daten auf den unterschiedlichsten Wegen zu finden. Deshalb ist es erforderlich, die Suchparameter und den Algorithmus gezielt vorzugeben. Enge Freunde und Bekannte sind am schnellsten unter dem Vornamen und entfernte und lose Bekanntschaften unter den jeweiligen Nachnamen in unserem Gedächtnis verfügbar.

Erst wenn die Liste mit den Vornamen gefüllt ist, werden alle anderen Angaben ergänzt. Hierbei gilt der Grundsatz: Je mehr Information Sie zu den genannten Personen erfragen, umso sicherer ist die erfolgreiche Terminvereinbarung. Gerade die Akquisition will sehr gut vorbereitet sein, und Sie sollten sich bereits im Vorfeld ein detailliertes Bild von Ihren Gesprächspartnern machen.

Folgende Informationen sind von besonderer Bedeutung:
- Familienstand
- Beruf
- Art der Verbindung zueinander (Freund, Kollege etc.)
- wie und wo kennen gelernt
- Gemeinsamkeiten, Hobbys etc.

Auf eine Sache müssen Sie sich einstellen:

Nicht jeder Kunde ist bereit, Ihnen sofort Empfehlungen zu geben. Irgendwann machen sie es jedoch alle.

Voraussetzung für eine qualifizierte Empfehlung ist – neben der hier sehr wichtigen und richtigen Technik – das **Vertrauen des Kunden in Sie und Ihr Produkt**. Zweifelt der Kunde an Ihnen oder den erreichbaren Ergebnissen, und sei es nur ein kleiner Hauch der Unsicherheit, dann werden Sie auch keine Empfehlungen bekommen. In solchen Fällen liegt es vermutlich daran, dass der Kunde schon einmal eine schlechte Erfahrung gemacht hat und deshalb vorsichtig ist. Dann hilft nur eines: Geben Sie Ihrem Kunden Zeit, sich mit dem Produkt anzufreunden und die ersten positiven Erfahrungen zu sammeln. Zu gegebener Zeit wird auch er bereit sein, Sie weiterzuempfehlen.

Die Arbeit mit Kunden ist kein einmaliger Auftritt. Sehr viele Kunden möchten von Ihnen langfristig betreut werden und sind immer wieder bereit, mit Ihnen Geschäfte zu machen. Sie sind auch nicht darauf angewiesen, von jedem Kunden sofort Empfehlungen zu bekommen. Oftmals sind Empfehlungen, die Sie erst später von ehemals vorsichtigen Kunden bekommen, viel hochwertiger als die anderen. Denn hier empfiehlt Sie ein Kunde, der Ihnen vollends vertraut und höchstwahrscheinlich schon in seinem Freundeskreis Werbung für Sie gemacht hat. Nicht selten habe ich erlebt, dass derart empfohlene Kunden bereits sehr gut informiert und fast sofort unterschriftsbereit waren.

Verzagen Sie nicht, wenn es nicht immer auf Anhieb klappt. Betreuen und besuchen Sie Ihre Kunden regelmäßig und versuchen Sie es jedes Mal. Eines Tages werden Sie für Ihre Kundentreue belohnt.

Von diesen Ausnahmen abgesehen können Sie bei Anwendung der richtigen Technik und bei der Wahl des richtigen Zeitpunkts sofort mit qualifizierten Empfehlungen rechnen.

2.3 Das Akquisitionsgespräch

Mit einer funktionierenden Akquisition und einer gekonnten Präsentation verfügen Sie über die wichtigsten Bausteine Ihrer Selbstständigkeit. Bemerkenswert daran ist nicht nur die Tatsache, dass Sie sich durch diese Arbeit ernähren können, sondern auch der besondere Umstand der Unabhängigkeit, der damit für Sie eintritt. Beherrschen Sie diese beiden Bereiche perfekt, werden Sie niemals mehr im Leben von anderen Menschen oder Arbeitgebern abhängig sein. Sie sind jederzeit und überall in der Lage, Umsätze und somit Einkommen zu generieren. Auch wenn Sie später einmal den Vertrieb an den Nagel hängen sollten, um sich anderen Aufgaben zu widmen, werden Sie diese Fähigkeiten zu schätzen wissen.

Auch ich muss regelmäßig akquirieren, neue Kontakte knüpfen und verkaufen. Eine Unternehmensberatung oder ein Seminar will ebenso verkauft werden wie eine Versicherung oder Kapitalanlage. Und deshalb bin ich froh über das Erlernte und über jede Erfahrung, die ich in jenen Jahren sammeln konnte. Das gilt auch für die schlechten. Streichen Sie ruhig das Wort „schlechte" Erfahrung. Es sollte in Ihrem Leben ab sofort keine schlechten Erfahrungen mehr geben, denn die sind Verlierern vorbestimmt.

Und noch wichtiger: Ändern Sie Ihre Verhaltensmuster rechtzeitig, damit keine negativen Glaubenssätze entstehen. Stoßen Sie in der Akquisition regelmäßig auf unüberwindbare Widerstände und verändern Sie nichts, so wird sich im Laufe der Zeit ein Glaubenssatz bilden, der so lauten könnte: „Was soll der Quatsch eigentlich? Ich bekomme ja sowieso keine Termine!" Dementsprechend werden Sie sich auch verhalten. Je mehr Ihre Motivation leidet, umso mehr wird dies Ihre Telefonate beeinflussen und den negativen Glaubenssatz Stück für Stück festigen. Verfügen Sie über einen solchen Glaubenssatz, dann ist es an der Zeit, etwas dagegen zu tun! Die Volksweisheit

> **„Nichts im Leben ist so schlecht, dass es nicht noch für irgendetwas gut ist!"**

sollte in dieser Phase immer Ihr Leitsatz sein. Auch die Erfahrung, die Sie aus einem „vergeigten" Akquisitionsgespräch schöpfen, wird eine gute sein, wenn Sie sich mit den Ursachen auseinander setzen und daran arbeiten.

Die Akquisition ist ein sehr umfangreiches Thema, das für sich allein bereits ein Buch wert wäre. Wir beschränken uns in diesem Kapitel auf die wichtigen Grundlagen und gehen in der weiteren Betrachtung nur auf die Terminvereinbarung mit Empfehlungen ein. Mehr ist im Grunde auch nicht notwendig. Es ist die einzige Form der Akquisition, die für einen wachstumsorientierten Vertrieb in Frage kommt.

Beherrschen Sie die Empfehlungsnahme, wird eine andere Form der Neukundenakquisition und die damit verbundene Qual nicht notwendig sein. Es spielt dabei auch überhaupt keine Rolle, ob Sie im Network-Marketing, Strukturvertrieb, Agenturvertrieb oder anderen Formen des Direktvertriebs zu Hause sind. Erinnern Sie sich an die „Vertriebskrücken"? Nur wenn Sie von dem erfolgreichen Empfehlungssystem abweichen, werden Sie ein unstillbares Verlangen nach immer neuen Informationen verspüren. Sie werden ständig nach der Zauberformel suchen und doch keine finden! Das Empfehlungs- und das darauf folgende Akquisitionsgespräch bilden eine feste Einheit. Sind Sie ein Meister in beiden Teilen, so werden Sie niemals in die Verlegenheit geraten, nach anderen Möglichkeiten suchen zu müssen.

Eine bessere Bezeichnung für „Akquisitionsgespräche" ist eher die **Terminvereinbarung**. Die telefonische Terminvereinbarung verfolgt ausschließlich ein Ziel, das Sie zu keinem Zeitpunkt des Telefonats aus den Augen verlieren dürfen: **die Vereinbarung eines verbindlichen Beratungstermins**.

Die telefonische Terminvereinbarung folgt dabei einem immer gleichen Muster und unterteilt sich im Wesentlichen in diese Teile:

1. Perfekte Voraussetzungen und richtige Einstellung
2. Die königliche Eröffnung
3. Vertrauensbildung
4. Nutzen und Vorteile darstellen
5. Terminvereinbarung und Einwandargumentation
6. Terminfestigung

■ Perfekte Voraussetzungen und richtige Einstellung

Die Terminvereinbarung stellt für viele Geschäftspartner den unangenehmsten Teil der Arbeit dar. Die Akquisition kann in der Tat die reinste Höllenqual sein, wenn man sie nicht beherrscht und obendrein schlecht vorbereitet ist. Sie kann aber auch eine der einfachsten und schönsten Aufgaben werden, wenn Sie professionell handeln. Nirgendwo finden Sie Erfolg und

Misserfolg so dicht beieinander. Sie können in wenigen Minuten ein enormes Frustpotenzial entwickeln oder auch sehr viele Erfolgserlebnisse in kürzester Zeit haben. Die Entscheidung darüber, auf welcher Seite Sie stehen, fällen nur Sie allein.

Wie für eine erfolgreiche Präsentation ist auch für die Akquisition ein gewisses Maß an **Selbstvertrauen** notwendig. Dieses Selbstvertrauen begründet sich zum einen aus dem Wissen darum, dass Sie es können, und zum zweiten daraus, dass Sie eine Absage am Telefon nicht wirklich tangiert. Schließlich gibt es mehr als genügend andere, die sich gerne von Ihnen beraten lassen möchten.

Um den erstgenannten Punkt sicherzustellen, ist es unbedingt erforderlich, dass Sie absolut text- und zielsicher sind. Der zweite Punkt setzt voraus, dass Sie über ein ausreichendes Potenzial an Interessenten und Empfehlungen, sprich Kontakten verfügen.

Potenzial in ausreichender Menge

Wenn Sie die vorangegangenen Kapitel aufmerksam gelesen und sie verinnerlicht haben, sollte für Sie das Generieren hochwertiger Empfehlungen kein Problem darstellen. Bevor Sie jedoch mit den ersten Telefonaten beginnen, sollten Sie sicherstellen, dass Sie auch über Kontakte in ausreichender Menge verfügen.

Befinden sich auf Ihrer Klientenliste jedoch lediglich fünf, zehn oder fünfzehn Telefonnummern, so werden Sie um jeden Termin bangen müssen. Es ist wie bei den „Zehn kleinen Negerlein". Jeder erfolgreiche, aber auch jeder missglückte Anruf verbraucht einen Kontakt. Sie stehen unter einem unnötigen, aber nervenaufreibenden Erfolgsdruck und werden zwangsläufig von Gespräch zu Gespräch unsicherer. Sie setzen sich nur unnötig der Gefahr aus, dass Ihr Potenzial ohne die gewünschten und erforderlichen Ergebnisse verbraucht wird. Die Folge wird dieser grauenvolle Satz sein: „Ich weiß nicht mehr, wen ich anrufen soll!" Sind Sie an diesem Punkt angelangt, wird es brandgefährlich für Sie und Ihre Karriere.

Liebe Führungskräfte, seien Sie gewarnt: Unterschreitet einer Ihrer Geschäftspartner oder auch Sie selbst die Grenze von 30 Kontaktmöglichkeiten, so ist es an der Zeit, die Notbremse zu ziehen. Auch wenn Ihnen damit eine oder vielleicht zwei Wochen umsatzfreier Zeit ins Haus stehen, handeln Sie! Andernfalls ist es nicht unwahrscheinlich, dass Sie dauerhaft auf die Umsätze dieses Geschäftspartners verzichten müssen. Im schlimmsten Fall wird Ihr „sterbender Schwan" seine Frustration auf andere übertragen. Damit kann er durchaus einen äußerst unangenehmen „Säuberungsprozess" einleiten.

Ziehen Sie diesen „gefährdeten" Geschäftspartner aus dem Verkehr und sorgen Sie schnellstmöglich dafür, dass er wieder über ein ausreichendes Potenzial verfügt. Die beste Investition an dieser Stelle ist die Überarbeitung seiner Namensliste. Noch viel wichtiger sind *gemeinsame* Termine bei den Altkunden des Geschäftspartners, um neue Empfehlungen zu generieren.

Erst wenn wieder der „grüne Bereich" erreicht wurde, darf er zurück ans Telefon. Weiterhin ist natürlich schnellstens der Normalzustand – nicht weniger als 100 Kontaktmöglichkeiten – herzustellen.

Textsicherheit und Argumentation

Die Textsicherheit bildet zum einen die Grundlage für das Selbstvertrauen in die eigenen Fähigkeiten, zum anderen ist sie zwingende Voraussetzung, um das Gespräch zum Erfolg zu führen. Wie auch in einer Präsentation sind eine **klare Zielsetzung** und ein **Gesprächsleitfaden** unabdingbar. Selbst Akquisitionsprofis kommen daran nicht vorbei. Ich habe im Laufe der Jahre mehrere zehntausend Akquisitionsgespräche geführt. Trotzdem bereite ich jedes Telefonat gründlich vor.

Textsicherheit bedeutet nicht, dass Sie in der Lage sind, einen Text unfallfrei am Telefon vorzulesen. Sie müssen den Gesprächsleitfaden vollends verinnerlichen. Lesen Sie nur vor, dann wird es Ihr Gesprächspartner bemerken. Gegenwärtig arbeiten

Call Center verstärkt in der Privatkundenakquisition und versuchen, diverse Produkte zu verkaufen. Mich erfüllt es immer wieder mit Schrecken, wenn ich bereits in den ersten Sekunden solcher Telefonate heraushöre, dass ein Leitfaden abgelesen wird.

Lesen Sie nur ab, berauben Sie sich der Möglichkeit, ein professionelles Gespräch zu führen. Jeder Einwand oder Vorwand wird Sie verunsichern. Insbesondere dann, wenn er an unvermuteter Stelle kommt. In der Anfangsphase sollten Sie jedoch den Leitfaden und alle wichtigen Argumentationshilfen in Schriftform zur Unterstützung hinzuziehen.

Sehr hilfreich ist das Vergrößern der Gesprächsvorlagen auf das Format A3 oder auch A1. Hängen Sie sich diese Vorlagen an die Wand, so dass Sie jederzeit darauf zurückgreifen können. Diese Variante hat dem Katalog einiges voraus. Ein Katalog oder eine Mappe muss im Zweifelsfall durchgeblättert werden und führt zwangsläufig zu Gesprächspausen. Diese Pausen werden vom Kunden sofort als Unsicherheit registriert, und Sie haben verloren.

Die richtige Einstellung

Abgesehen von wenigen, aber umso erfreulicheren Ausnahmen gleicht ein Akquisitionsgespräch einem bipolaren Verkaufsgespräch. Sie möchten dem Kunden einen Termin verkaufen, und er Ihnen exakt das Gegenteil!

In solchen Situationen gewinnt immer der Teil, der über die besten rhetorischen und argumentativen Fähigkeiten verfügt und sein Ziel am hartnäckigsten verfolgt. In diesem Fall sind Sie vorerst in einer ungünstigeren Ausgangslage als der Kunde. Seine Argumentation fällt sehr leicht, da er sein „nein" immer nur mit Halbsätzen unterlegen muss, und es in der Regel auch so macht.

Wenn wir hier von Hartnäckigkeit sprechen, so meine ich damit die permanente, charmante Reaktion auf die Einwände Ihres Gesprächspartners und die sofortige Wiederkehr zur Einleitung der Terminvereinbarung. Vergleichen Sie es – natürlich nur im positiven Sinne – mit einer Wespe, die nichts anderes im Sinn hat, als an Ihr leckeres Stück Kuchen heranzukommen. Soviel Sie auch herumwedeln, sie ist immer wieder da, um erneut Anlauf zu nehmen.

Zusätzlich haben wir noch drei Kontrahenten aus dem Rennen zu schlagen. Der eine heißt Freizeit, der andere Feierabend und der dritte ist ein kleines Männchen im Ohr des Kunden. Sobald sich ein Telefonat nur ansatzweise wie eine Terminvereinbarung anhört, schlägt es sofort Alarm und schreit andauernd: „Leg auf, leg auf, sonst sitzt der hier und du kaufst wieder etwas!" Auch wenn Sie jetzt schmunzeln mögen, viele Kunden wissen ganz genau, dass in dem Moment, in dem sie Ihnen gegenüberstehen, das Schicksal seinen Lauf nimmt und sie kaufen werden.

In anderen Fällen sind die Kunden auch nur zu bequem oder möchten ihre Freizeit nicht für ein solches Gespräch „opfern". Ein Kardinalfehler wäre es, dem Kunden dafür böse zu sein. Sehen Sie es gelassen, es ist ein völlig normales Verhalten. Außerdem werden Sie selbst schon längst gemerkt haben, dass der Kunde im Vorfeld oftmals kein Interesse zeigt und nach Ihrer Präsentation ein wahrer Fan von Ihnen und den Produkten ist. Natürlich ist es auf der anderen Seite ein ebenso großer Fehler, dem Kunden dafür sein vollstes Verständnis entgegenzubringen und auf den Termin zu verzichten.

Sind Sie von Ihrem Produkt begeistert und überzeugt, dann wird es für Sie keinen Grund geben, dass es von einem Kunden nicht gekauft wird. Deshalb müssen Sie alles daran setzen, einen Termin zu bekommen, um ihm die Vorteile Ihres Produktes näher bringen zu können.

Sie verkaufen zum Beispiel Telefonverträge, mit denen Ihre Kunden garantiert jeden Monat bis zu 45 Prozent ihrer Gesprächskosten einsparen und jederzeit wieder zu einem anderen oder dem alten Anbieter wechseln können. Welchen Grund sollte es geben, es nicht zu machen? Keinen! Ich erhalte eine absolut identische Leistung und spare jeden Monat Geld. Das ist im Umkehrschluss wie eine Gehaltserhöhung. Und zeigen Sie mir den Kunden, der eine solche ausschlägt!

Tragen Sie eine große und ehrliche Begeisterung für Ihr Produkt in Ihrem Herzen und beherrschen Sie die Gesprächsleitfäden, dann werden Sie der Gewinner sein.

Die königliche Eröffnung

Es ist der erste Eindruck, der über den weiteren Gesprächsverlauf entscheidet. Freundlichkeit, Motivation, Höflichkeit und Freude sind vom Stress des Alltags in etwa so weit entfernt wie der Mond von der Erde. Aber genau das müssen die tragenden Säulen Ihrer Gesprächseröffnung sein. Bedenken Sie immer: Der Kunde möchte keinen griesgrämigen, unfreundlichen und demotivierten Menschen empfangen.

Beginnen Sie niemals ein Telefonat, wenn Sie gerade das Verlangen verspüren, Türen einzutreten oder in Tränen auszubrechen. Versetzen Sie sich in solchen Momenten in eine positive Stimmung. Das ist leichter, als Sie denken. Unsere Gedanken bestimmen über unsere Gefühle und somit in direkter Konsequenz über unseren Stimmungszustand. Ihren Gedanken sind Sie nicht hoffnungslos ausgeliefert. Vielmehr sind Sie dazu in der Lage, für die richtigen und positiven Gedanken zu sorgen.

Fühlen Sie sich schlecht, dann beschäftigen Sie sich bewusst mit positiven Gedanken. Zum Beispiel hilft Ihnen das gedankliche Ausmalen der hervorragenden Ergebnisse, die Sie mit den auf die Termine folgenden Abschlüssen erreichen werden. Oder Sie stellen sich das Ziel vor, dem Sie damit näher kommen. Hat sich Ihr Gefühlszustand normalisiert, so beginnen Sie mit Ihrer Arbeit. Begrüßen Sie Ihren Gesprächspartner freundlich, höflich und mit einem wohltemperierten Maß an Motivation und Freude.

Führen Sie diese Begrüßung nach folgendem Schema durch:

➤ Name des Kunden
➤ Ihr Name und ggf. der des Unternehmens
➤ Verifizierung des Gesprächspartners

Beispiele:

Bei einem **Anruf eines Privatkontaktes**:

„Einen wunderschönen guten Tag, Herr Mustermann, mein Name ist Jürgen Anrufer. Spreche ich mit Herrn Max Mustermann persönlich?"

Bei einem **Anruf einer geschäftlichen Empfehlung**:

„Einen wunderschönen guten Tag, Herr Mustermann, mein Name ist Jürgen Anrufer. Herr Mustermann, Sie wurden mir als kompetenter Ansprechpartner für den Bereich ... benannt."

Auf diese Einleitung folgt der persönliche Bezug, respektive der Anrufgrund. Bitte bewahren Sie sich dabei vor der grausamen Floskel: „Mit meinem Namen werden Sie nichts anfangen können, aber Sie kennen doch..."

Ich schlage Ihnen folgenden Satz vor:

„Herr Mustermann, Sie kennen mich noch nicht persönlich, aber vermutlich wird Ihnen Ihr Freund, Herr Fred Schneider, schon von mir erzählt haben.

Erst kürzlich habe ich mit Ihrem Freund, Herrn Schneider, ein sehr angenehmes Gespräch geführt. Er hat mich gebeten, Sie unbedingt anzurufen und Ihnen auch ganz liebe Grüße von ihm auszurichten."

Diese Einleitung geht jetzt fließend in den Bereich der Vertrauensbildung über.

Die Vertrauensbildung

Die Vertrauensbildung ist der wichtigste und zugleich schwierigste Teil eines Telefonats. Am Telefon Vertrauen zu erzeugen, ist eine sehr schwer zu lösenden Aufgabe, wenn man nicht über das richtige „Handwerkszeug" verfügt.

Ein Michael Schumacher wäre nicht der erfolgreichste Formel-1-Pilot dieser Tage, wenn er schlechtes oder unzureichendes Gerät zur Verfügung hätte. Ein Laie in seinem Ferrari würde ebenfalls den Weg auf das Siegertreppchen nicht finden. Nur eine gelungene Kombination der persönlichen Fertigkeiten und des richtigen „Materials" führen in Verbindung mit einer perfekten Vorbereitung zum ersehnten Ziel.

Die Phase der Vertrauensbildung ist sehr wichtig für den Erfolg eines Telefonats. Um das notwendige Grundvertrauen zu erreichen, müssen Sie einen kompetenten Eindruck vermitteln. Das wird Ihnen nur gelingen, wenn Sie Ihren Text beherrschen.

Um diesen Prozess zu verstärken und zu beschleunigen, bedienen wir uns vor Beginn des eigentlichen Gesprächs der über unseren Kandidaten gesammelten Informationen. Beginnen Sie ein Telefonat immer mit einem kleinen Vorgespräch.

Zu Erinnerung zähle ich nochmals auf, was wir bereits über unseren Gesprächspartner wissen:

- Familienstand
- Beruf
- Art der Verbindung zueinander (Freund, Kollege, etc.)
- wie und wo kennen gelernt
- Gemeinsamkeiten, Hobbys etc.

Greifen Sie sich einen Punkt heraus, der für die Gesprächseröffnung dienlich ist. Geradezu ideal sind Gemeinsamkeiten zwischen dem Empfehlungsgeber und der empfohlenen Person.

Beispiel:

Gemeinsames Hobby: Tennis

„Der Herr Schneider erzählte mir, dass Sie seit 14 Jahren sehr eng befreundet sind und sich beim Tennisspielen kennen gelernt haben. Ist das richtig? (Ja)"

An dieser Stelle sind Sie gefordert, ein Gespräch aufzubauen und sämtliche Informationen einzusetzen, die Ihnen zur Verfügung stehen, und jene zu verarbeiten, die Sie jetzt erfahren. Bringen Sie dabei von Zeit zu Zeit den Empfehlungsgeber ins Spiel.

Nützliche Ansatzpunkte in diesem Zusammenhang:

„Wie haben Sie sich damals kennen gelernt?"

„Herr Schneider (oder: Der Fred ...) erwähnte, dass Sie ...
- *sehr gut spielen und ihn regelmäßig vom Platz fegen;*
- *schon Turniere gewonnen haben;*
- *regelmäßig gemeinsam verreisen, um zu trainieren;*
- *von der und der Anekdote;*
- *Ihre Kinder auch schon Tennis spielen."*

Je intensiver Sie dieses Gespräch gestalten, umso einfacher wird der Rest. Sie werden automatisch als vertraute Person betrachtet. Schließlich verfügen Sie über Informationen, die man durchaus als Insiderwissen bezeichnen könnte und die ein Fremder eben nicht hat. Spielen Sie jeden Trumpf aus, den Sie in der Tasche haben. Noch besser wird es natürlich dann, wenn Sie sich persönlich in dieses Gespräch einbringen. Zum Beispiel, wenn Sie auch Tennis spielen, oder durch gezielte Fragen, die auf Ihr ehrliches Interesse schließen lassen.

■ Nutzen und Vorteile darstellen

„Herr Mustermann, selbstverständlich haben wir uns nicht nur über ... unterhalten. Wir haben auch über seine Telefonrechnung gesprochen und dabei zwei Sachen festgestellt:

1. Dass er für das Telefonieren bisher viel mehr als nötig bezahlt hat.

2. Dass er jetzt eine Möglichkeit nutzen kann, die er vorher überhaupt nicht kannte.

An dieser Stelle hätte ich zwei Fragen an Sie:

Haben Sie ihren Telefonanschluss auch bei der XYZ-Gesellschaft? (Ja)

Ärgern Sie sich auch oftmals über die Höhe der Telefonrechnung? (Ja)

Herr Mustermann, wenn es auch für Sie die Möglichkeit gäbe, monatlich bis zu 45 Prozent Ihrer Gesprächskosten zu sparen, wäre das für Sie interessant? (Ja)

Das hat mir Herr Schneider auch gesagt und mich deshalb gebeten, Sie anzurufen."

Sie sehen, eine Terminvereinbarung kommt sehr gut mit wenigen Informationen aus. Stellen Sie die wichtigsten, effektivsten Vorteile oder Nutzen Ihres Produktes in dieser Art heraus und halten Sie sich zwei bis drei zusätzliche Informationen für eine eventuelle Argumentation bereit.

▪ Terminvereinbarung und Einwandargumentation

„Dann stellt sich jetzt nur noch die Frage, wann Sie dafür eine halbe Stunde Zeit zur Verfügung haben. Dienstag um 18.00 Uhr oder Mittwoch um 20.00 Uhr?"

Es wäre an dieser Stelle unmöglich, vor allem aber unzweckmäßig, auf alle möglichen Einwände/Vorwände einzugehen. Mir liegt es eher am Herzen, Ihnen einen Weg aufzuzeigen, der Sie in die Lage versetzt, für jedes Produkt, gleich welcher Art, die passenden Argumente und Argumentationsketten zu finden und einen eigenen Katalog für Ihr Geschäft zu entwickeln.

In allererster Linie ist es wichtig, einen Einwand von einem Vorwand unterscheiden zu können. Einwände sind berechtigte Einwendungen, die einen Kunden veranlassen, ein „Nein" auszusprechen. Ein gerechtfertigter Einwand wäre zum Beispiel ein effektiver Mangel an Zeit oder Geld. Vorwände sind pure Ausreden und nur vorgeschoben, um einen Termin nicht vereinbaren zu müssen.

Wie werden Einwände/Vorwände aufgelöst?

1. Hinterfragen Sie jeden Einwand/Vorwand nach den möglichen Hintergründen. Dabei werden Sie feststellen, dass bis auf ganz wenige Ausnahmen keine zu finden sind. Es sind zu 99 Prozent reine Ausreden.
2. Prüfen Sie später, ob eine Überarbeitung Ihres Konzeptes notwendig ist.
3. Teilen Sie Ihrem Gesprächspartner mit, was Sie von diesem Einwand/Vorwand halten. Gehen Sie dabei sehr behutsam vor und schießen Sie nicht über das Ziel hinaus.
    3.1. Handelt es sich offensichtlich um einen berechtigten Einwand, so zeigen Sie Verständnis, verdeutlichen Sie Analogien und/oder loben Sie Ihren Gesprächspartner für diesen Einwand.
    3.2. Ist es ein Vorwand, so gehen Sie mit Humor und Charme darüber hinweg.

    Hat Ihr Gesprächspartner nach dem ersten Blocken des Vorwandes noch immer nicht gemerkt, dass Sie ihn ertappt haben, sollten Sie deutlicher werden.

    Bewahren Sie sich jedoch Ihre Größe, bleiben Sie immer höflich und respektvoll, aber werden Sie bestimmender.
4. Argumentieren Sie zielorientiert, stellen Sie den Nutzen und die Vorteile noch deutlicher heraus und beleben Sie Ihre Beispiele mit einer bildhaften Ausdrucksweise.
5. Leiten Sie erneut die Terminvereinbarung ein.

Hier zwei **Beispiele** für das **Auflösen von Vor- und Einwänden**:

➤ *„Ich habe keine Zeit"*

1. **Hintergrund:**

   Einwand:
   Jeder Mensch nimmt sich Zeit, wenn es für ihn interessant oder wichtig ist. Messen wir einer Sache keine Bedeutung zu, dann nehmen wir uns keine Zeit dafür.

   Vorwand:
   Einen Mangel an Zeit vorzuschieben ist ein oft genutztes Mittel, um einem Termin aus dem Wege zu gehen.

2. **Lösung:**

   Überprüfen Sie Ihren Leitfaden und die von Ihnen in Aussicht gestellten Vorteile (Nutzen).

3. **Stellungnahme:**

   „Lieber Kunde, mir fällt ein Stein vom Herzen. Ich habe nämlich genauso wenig Zeit wie Sie. Das ist wohl das Los viel beschäftigter Menschen."

4. **Argumentation:**

   „Herr Mustermann, es wird Ihnen mit Sicherheit sehr entgegenkommen, wenn wir uns kurz fassen. Sie benötigen lediglich fünf Minuten Ihrer wertvollen Zeit. Danach können Sie die für Sie möglichen Vorteile erkennen und entscheiden selbst, wie es weitergeht."

5. **Terminvereinbarung:**

   „Wann passt es Ihnen besser, Dienstag 18.55 Uhr oder Mittwoch 17.55 Uhr?"

➤ *„Um was geht's?"*

1. Hintergrund:

Entweder ist es ehrliches Interesse oder, wie in der Vielzahl der Fälle, die Suche nach einem Grund für eine Ausrede.

2. Lösung:

Überprüfen Sie Ihren Leitfaden und die von Ihnen in Aussicht gestellten Vorteile (Nutzen)!

3. Stellungnahme:

„Herr Mustermann, das ist eine sehr gute Frage."

4. Argumentation:

„Sie haben die Möglichkeit, monatlich bis zu 45 Prozent Ihrer Telefonkosten zu sparen. Das bedeutet bei dem Großteil unserer Klienten eine monatliche Ersparnis von 30 bis teilweise 150 Euro pro Monat, die Sie ab sofort zusätzlich zur Verfügung haben werden, um sich Ihre Wünsche zu erfüllen.."

5. Terminvereinbarung:

„Wann passt es Ihnen besser, ..."

■ Die Terminfestigung

Die Terminfestigung dient zum einen dem Abgleich der Termindaten. Darüber hinaus wird der Kunde in seiner Entscheidung bestärkt, dass es richtig war, diesen Termin zu vereinbaren.

„Ist Ihr(e) Partner(in) zu dieser Zeit auch anwesend?"

Nicht zu vergessen sei an dieser Stelle, dass Sie Beratungsgespräche grundsätzlich nur dann führen sollten, wenn beide Partner anwesend sind. Fast alle Entscheidungen, und sollten sie noch so klein sein, werden in der Regel immer gemeinsam gefällt. Das gilt insbesondere dann, wenn ein Vertrag unterzeichnet werden muss.

Lassen Sie sich nicht weich klopfen mit Aussagen wie:

„Das können wir schon ohne meine Frau besprechen, ich habe schließlich die Hosen an!"

Meine Erfahrung war in diesem Bereich immer die gleiche: Ein Gespräch ohne Partner, gleichgültig ob Mann oder Frau, ist gleichbedeutend mit „kein Abschluss" und schließt fast jede Chance aus, das Gespräch erneut mit beiden zu führen.

„Herr Mustermann, wir sehen uns dann am um xy Uhr. Ich freue mich schon darauf, Sie persönlich kennen zu lernen, und verspreche Ihnen, dass Sie ein sehr interessantes und für Sie vorteilhaftes Gespräch erwartet.

Ich habe noch eine Bitte an Sie. Notieren Sie sich bitte diesen Termin, denn ich komme extra wegen Ihnen nach Musterstadt. Können Sie mir bitte noch kurz erklären, wie ich am besten zu Ihnen finde?"

Je nach Entfernung und zeitlichem Vorlauf ist eine Bestätigung des Termins einen Tag vorher oder spätestens am gleichen Tag von Vorteil.

2.4 Der indirekte Weg

Der indirekte Weg führt über Umwege zum Ziel. Auf diesem Weg brauchen Sie für entsprechende Resultate weitaus mehr Zeit als auf dem direkten. Jedoch sollte diese Vorgehensweise nicht vernachlässigt werden, weil sie tendenziell und langfristig gesehen der einfachere Weg der Akquisition ist.

Die indirekte Akquisition findet in der Öffentlichkeit und unter Einbeziehung Ihrer gesellschaftlich Kontakte statt. Die erforderliche Wirkung in der Öffentlichkeit können Sie natürlich nur dann entfalten, wenn Ihr Geschäft läuft und Sie „gefüllte Taschen" haben. Ich rede nicht von Millionen, sondern von einem gewissen monatlichen Einkommen, das Sie von der grauen Masse abhebt und sich in Ihrer Selbstdarstellung widerspiegelt.

Gemeint ist hier in erster Linie Ihr Selbstbewusstsein im Umgang mit anderen erfolgreichen Menschen. Dementsprechend ist für diese Akquisitionsform ein intaktes Empfehlungsgeschäft zwingende Voraussetzung. Es sei denn, Sie verfügen bereits über die notwendigen finanziellen Mittel.

Neben der täglichen Arbeit am Kunden ist für Ihren langfristigen Erfolg auch das **gesellschaftliche Leben** und Engagement von Bedeutung. Durch stete Präsenz an den richtigen Stellen erschließen Sie sich regelmäßig neue und in der Regel besser betuchte Klienten. Dieser Vorgang benötigt allerdings einiges an Vorlaufzeit, bis man Sie wahrnimmt und auch als integriert betrachtet.

Bevor Sie sich in dieses Getümmel stürzen, brauchen Sie noch eine perfekte und absolut stichhaltige **Story**. Relativ schnell führen Sie mit diversen Menschen Gespräche und werden dabei immer wieder mit einer Frage konfrontiert – der Frage nach dem, was Sie beruflich machen. Diese Frage wird Ihnen anfänglich nicht deshalb gestellt, weil es Ihr Gegenüber wirklich interessiert, sondern um Sie abzuchecken und zu bewerten. Der Eindruck, den Sie an dieser Stelle hinterlassen, ist extrem wichtig. Ihre Antwort muss sitzen und Spuren hinterlassen.

Eine Story teilt sich in eine knackige Kurzbeschreibung und eine längere konversationsgeeignete Version auf. Die Kurzversion benötigen Sie für den ersten oberflächlichen Kontakt, die längere für intensivere Gespräche. Bitte keine Romane! Diese Story ist nichts anderes als eine Präsentation, mit dem Unterschied, dass Sie kein Produkt, sondern sich selbst verkaufen. Diese Präsentation muss kurz und spannend sein, aber noch wichtiger ist, dass sie positiv im Gedächtnis bleibt.

Benutzen Sie bitte keine abgedroschenen Floskeln oder Standardsprüche. Individualität und Kreativität sind an dieser Stelle gefragt. Eine solche Story schüttelt man auch nicht einfach so aus dem Ärmel, sondern sie muss wohl bedacht und sinnvoll konstruiert sein. Nehmen Sie sich die Zeit, die Sie dafür benötigen, nur fangen Sie so schnell wie möglich damit an. Wer weiß, vielleicht benötigen Sie diese Story schon morgen.

Wichtige „Hot Spots" des gesellschaftlichen Lebens sind:

- In-Lokale
- Golf-, Tennis- und Fußballvereine
- Lounges aller Art
- Lokale Unternehmertreffen
- Partys
- Messen und Kongresse
- Geschäftseröffnungen und Vernissagen

Der eher passiven Teilnahme am gesellschaftlichen Leben sollte später die aktive folgen. Es bietet sich eine unglaubliche Vielfalt an Möglichkeiten und Momenten an. Ob Sie als Sponsor einer gezielt ausgewählten Veranstaltung agieren oder Spendenaktionen ins Leben rufen, Unternehmertreffen oder Seminare durchführen oder aktives Mitglied in einem Verein sind – die Möglichkeiten sind fast unbegrenzt.

Sie sollten nur bei jeder Aktion daran denken, dass Image alleine nur Geld kostet und in dieser Branche relativ wenig Effekt mit sich bringt. Achten Sie deshalb immer darauf, dass Sie bei allen Aktivitäten auch messbare Ergebnisse erzielen können.

3. Die Rekrutierung neuer Geschäftspartner

Als Unternehmer und gerade dann, wenn man auf den Geschmack gekommen ist, denkt man immer über die Steigerung der Umsätze nach und sucht geeignete Möglichkeiten. Es ist an der Zeit, sich um den Aufbau und Ausbau Ihres Unternehmens zu kümmern.

Sicherlich können und müssen Sie stetig an der Verbesserung Ihrer Fähigkeiten arbeiten. Nennenswerte Steigerungen Ihrer Ergebnisse dürfen Sie jedoch damit nicht erwarten, denn das größte Problem aller erfolgreichen Menschen ist der Mangel an

Zeit. Wir alle haben das gleiche Potenzial an Zeit zur Verfügung. Exakt 24 Stunden am Tag und keine Minute mehr.

Die wesentliche Besonderheit des Strukturvertriebs im Vergleich zu anderen Vertriebssystemen oder Strategien ist die Möglichkeit, Geschäftspartner einzustellen und an deren Verkaufsergebnissen zu partizipieren. Gleichzeitig stellt sie auch den einzigen Weg dar, sich zusätzliche zeitliche Ressourcen zu verschaffen. Notwendig dafür ist die Multiplikation Ihres Wissens, Ihrer beruflichen Fähigkeiten und Erfahrungen. Der Prozess der Multiplikation kann durchaus mit dem Klonen verglichen werden.

Die angesprochene Multiplikation ist zwingende Voraussetzung für den erfolgreichen und langfristigen Aufbau großer Organisationen. Bevor wir uns der Multiplikation widmen können, ist es natürlich erforderlich, für die notwendigen und richtigen Geschäftspartner zu sorgen, die die Basis und das Fundament unserer Organisation bilden werden.

3.1 Der „ideale" Geschäftspartner

Wie sieht der richtige und erfolgreiche Geschäftspartner aus? Ich weiß es nicht. Es gibt nur einen einzigen Weg, es herauszufinden. Sie müssen viele Frösche küssen, um Ihre Prinzen oder Prinzessinnen zu finden.

Geben Sie jedem ernsthaft interessierten Menschen die Chance, arbeiten Sie alle umfassend und geduldig ein und betrachten Sie deren Entwicklung. Ob daraus Prinzen/Prinzessinnen werden oder sie auf ewig Frösche bleiben, wird die Zeit zeigen.

Von zwei Traumvorstellungen sollten Sie sich gleich verabschieden:

➤ Den perfekten, bereits ausgebildeten und auf Anhieb megaerfolgreichen Geschäftspartner werden Sie nicht finden. Er wächst an keinem Baum, es gibt keine Berufsschule oder Universität, aus der er herausspaziert und nur auf Ihr Angebot wartet.

➤ Zum zweiten ist es auch einer der größten Fehler, sich auf das Abwerben von Geschäftspartnern der Konkurrenz zu konzentrieren.

Stellen Sie sich doch einmal vor: Sie arbeiten in einem Vertrieb, führen eine Gruppe persönlich ausgebildeter Geschäftspartner und verdienen rund 20 000 Euro im Monat. Alles läuft prima und Sie wissen genau, dass bei gleichbleibend intensiver Arbeit Ihre Organisation wächst, Sie regelmäßig Ihr Einkommen steigern und Sie bald die nächste Stufe des Karriereplans erreichen werden. Gibt es einen vernünftigen Grund, das alles aufzugeben, um noch einmal von vorne zu beginnen, sämtliche geleistete Arbeit und damit verbundene Zeit sozusagen in die Mülltonne zu werfen? Sicherlich nicht!

Erfolgreiche und loyale Geschäftspartner wünschen wir uns alle. Und genau diese werden Sie nicht oder nur unter den größten Anstrengungen zu einem Wechsel bewegen können. Es gibt nur **drei Gründe**, die einen Menschen dazu bewegen, **das Unternehmen zu wechseln**:

1. Es bestehen unüberbrückbare Differenzen zum Unternehmen.

2. Das zu verkaufende Produkt ist definitiv nicht oder nur schwer verkäuflich beziehungsweise erwirtschaftet ein überaus unzureichendes Einkommen im Vergleich zu anderen.

3. Der Wechsler ist nicht erfolgreich.

Etwa fünf Prozent wechseln aufgrund der Punkte 1. und 2. Der Rest, geschlagene 95 Prozent, aufgrund mangelhafter Erfolge.

Wenn Sie die Guten nicht bekommen können und nur fünf von Hundert geeignet sind, warum sollte man sich dann den Rest zumuten? Die Nichterfolgreichen sind es oftmals nicht ohne Grund! Selbst wenn es Hoffnung gibt, die Erfahrung hat gelehrt, dass es um ein Vielfaches schwerer ist, einen Wechsler auf den rechten Pfad zu bringen, als fünf neue Geschäftspartner einzustellen und einzuarbeiten.

Das schwerwiegendste Problem fast aller Geschäftspartner, die vorher bereits in einem oder gar mehreren Unternehmen ihr Glück gesucht haben und dabei gescheitert sind, ist die bereits realisierte und verinnerlichte Erfahrung des Versagens. Auch wenn sie fast immer mit Ausreden nach außen kaschiert wird, ist diese Tatsache der Mehrzahl bewusst und beeinflusst in nicht zu vernachlässigendem Maße den Glauben an sich selbst und das Vertrauen in die Fähigkeit, es zu schaffen. Weiterhin ist es nicht so, dass die Geschäftspartner nicht wüssten, woran es gelegen hat. Sie wissen es ganz genau und sind trotzdem nicht willens, etwas zu ändern. Wären sie es, dann hätten sie es schon längst in dem anderen Unternehmen getan und wären erfolgreich. Was Sie in der Regel immer bekommen, sind Besserwisser und Störenfriede, die gerade in Schulungen und Seminaren ihren Senf ungefragt dazugeben müssen. Und die zu allem Überfluss auch noch versuchen, Ihnen zu erklären, wie Sie Ihr Geschäft zu führen haben.

Selbstverständlich gibt es auch hier Ausnahmen. Sie sollten jedem, der sich ernsthaft bemüht, auch eine Chance geben. Stellen Sie jedoch fest, dass der Geschäftspartner nicht bereit ist, an seinen Schwächen zu arbeiten und etwas zu verändern, dann schicken Sie ihn lieber nach Hause, am besten aber zur Konkurrenz.

> **Der beste Geschäftspartner findet seinen Weg in der Regel immer als Kunde zu Ihnen.**

Ein Mensch, der für ein Produkt Begeisterung empfindet, ist tausendmal mehr wert als einer, der nur des Geldes wegen im Strukturvertrieb beginnt.

Der Idealzustand wird natürlich dann erreicht, wenn eine Produktbegeisterung besteht und der Geschäftspartner zugleich den enormen Drang nach Erfolg in sich trägt. Wenn er bereit ist, dafür persönliche Grenzen zu überschreiten und sich auch von seinen Neidern scheinbar demütigen zu lassen. Weiterhin ist auch eine gewisse Unerfahrenheit von Vorteil. Ich meine nicht Unerfahrenheit in Bezug auf Bauernfängerei, sondern Unerfahrenheit im Vertrieb. Sie haben so die Möglichkeit, mit einem völlig unbelasteten, vorurteilsfreien und lernbereiten Menschen zu arbeiten.

Meine Aussage, dass ein zufriedener Kunde der beste Geschäftspartner ist, belegt sich im Umkehrschluss damit, dass es zwingend erforderlich ist, bei einem Einstellungsgespräch auch eine Produktpräsentation durchzuführen. Zwangsläufig wird der Interessent automatisch Kunde werden, wenn er die für eine Mitarbeit notwendige Produktbegeisterung entwickelt. Ich gehe sogar noch einen Schritt weiter und setze voraus, dass ein Geschäftspartner zumindest eines der von mir angebotenen Produkte erworben hat. Nicht weil mein Lieblingswort Umsatz heißt, sondern weil die Begeisterung für ein Produkt von existenzieller Bedeutung für ein erfolgreiches Verkaufs- und auch Einstellungsgespräch ist.

Fazit: Die Rekrutierung neuer Geschäftspartner aus dem Verkaufsprozess heraus ist der einfachere und oftmals effektivste Weg. Natürlich gibt es noch andere Möglichkeiten, um an neue Geschäftspartner zu gelangen. Diesen wenden wir uns aber in einem separaten Kapital zu.

Interessenten, die immerhin eines der nachfolgende Kriterien erfüllen, sollten Sie als zukünftige Geschäftspartner unbedingt **meiden**:

- Alkoholiker und Süchtige aller Art
- Personen, die der deutschen Sprache nicht mächtig sind
- Menschen mit krimineller Vergangenheit
- Notorisch verschuldete Menschen

In Bezug auf den letztgenannten Punkt sollte jedoch durchaus der Freiraum für individuelle Entscheidungen vorhanden sein.

So sollte beispielsweise einem Unternehmer, der mit seinem Geschäft eine Pleite erlebt hat, sicherlich eine neue Chance eingeräumt werden. Oftmals sind das sogar sehr zielstrebige und in der Folge sehr erfolgreiche Menschen. Sie wissen genau, wie schrecklich die Erfahrung des Scheiterns ist und möchten sie ungern wiederholen. Gefährlich sind hingegen jene, die ohne gewichtigen Grund hoch verschuldet sind. Solche Menschen können nicht mit Geld umgehen und bergen dadurch mitunter ein kriminelles Potenzial.

Wenden wir uns noch dem **Alter** eines einzustellenden Geschäftspartners zu. Das Mindestalter für einen neuen Geschäftspartner ist sehr schwer festzulegen. Es gibt 25-jährige Greise und 60-jährige Jünglinge. Es obliegt vielmehr Ihnen, eine entsprechende Entscheidung darüber zu fällen, wen Sie für geeignet halten. Sicherlich neigt der Großteil unserer Mitmenschen in den beginnenden Zwanzigern eher zur Wankelmütigkeit und ist den anderen Frohlockungen des Lebens zugetan. Weiterhin haben es zu junge Geschäftspartner im Vergleich zu älteren bedeutend schwerer. Ihnen fehlt häufig das notwendige Maß an Glaubwürdigkeit. Es lohnt jedoch immer ein genaueres Hinsehen. Fehlende Glaubwürdigkeit aufgrund des Alters kann durchaus mit Fleiß und Hingabe kompensiert werden.

3.2 Die Systematik des Einstellungsgesprächs

Ein Einstellungsgespräch aus dem Stegreif heraus wird erfahrungsgemäß nicht zum Erfolg führen. Aus diesem Grund sollten Sie ein Einstellungsgespräch immer im Anschluss an ein Verkaufsgespräch führen. Zum einen wissen Sie bereits eine Menge über verschiedene Kaufmotive und sicherlich auch das eine oder andere private Geheimnis, und zum anderen können Sie sich eines besonderen Vorteils bedienen, wenn Sie im direkten Anschluss an das Empfehlungsgespräch zum Einstellungsgespräch überleiten.

Ihr Kunde wird sehr schnell bemerken, dass seine Empfehlungen durchaus seine ersten Kunden werden könnten. Und wenn er nicht von alleine darauf kommt, dann bieten Sie ihm diese Möglichkeit an.

> Das **Einstellungsgespräch** ist wieder einmal nichts anderes als eine gut mit Verkauf und Begeisterung gemixte Präsentation. Es läuft immer nach dem gleichen Schema ab:
>
> 1. Finden Sie Motive, Ziele und Wünsche heraus.
> 2. Zeigen Sie den Markt und sein Potenzial auf.
> 3. Bieten Sie die Geschäftsgelegenheit an und stellen Sie deren Einfachheit dar.
> 4. Vermitteln Sie dem Interessenten ein Gefühl von Sicherheit.
> 5. Treten Sie den Beweis an, dass die Ziele und Wünsche mit diesem Geschäft zeitnah erreicht werden.
> 6. Verkaufen Sie das Seminar.
> 7. Vereinbaren Sie einen Folgetermin.

■ Motive, Ziele und Wünsche herausfinden

Grundsätzlich sei gesagt, dass fast ausnahmslos jeder Mensch geneigt ist, sein monatliches Einkommen aufzubessern oder sein Vermögen zu mehren. Es ist dabei auch völlig unerheblich, ob man arm oder reich ist. Der Arme muss und der Reiche möchte. Das ist der feine Unterschied. Natürlich gibt es noch eine Vielzahl anderer Motive, die einen Menschen bewegen und als Grund für eine Mitarbeit in Frage kommen.

Es gilt dieses Motiv oder auch die anderen Beweggründe so schnell wie möglich zu finden und zu benutzen. Ohne dass Sie das wichtigste Motiv kennen, brauchen Sie mit dem Einstellungsgespräch erst gar nicht zu beginnen. Erinnern Sie sich bitte an den Aufbau einer Präsentation, wie er in der Phase II beschrieben wurde. Ich empfehle Ihnen den Punkt 2 (Status quo, Ziele, Wünsche und Probleme) dieses Kapitels noch einmal zu lesen, bevor Sie an dieser Stelle fortfahren.

Um unserem Interessenten ein wenig auf die Sprünge zu helfen, bietet sich folgendes Vorgehen an:

„Lieber Herr Interessent, stellen Sie sich doch einmal vor, Sie hätten die Möglichkeit, pro Woche an zwei Tagen zusätzlich jeweils drei Stunden zu arbeiten, hätten eine Menge Spaß daran und bekämen dafür xxxx Euro als zusätzliches Einkommen."

Das Finden von Motiven ist nicht schwer, wenn Sie richtig zuhören und gezielt nachfragen. Sie sollten auch hier jedes Motiv genau hinterfragen, um herauszufinden, wie wichtig es wirklich ist. Wie auch in der Präsentation werden anfänglich Ziele häufig vorgeschoben, die keine oder nur geringe Bedeutung haben. Sie müssen aber an die Ziele und Motive gelangen, für die der potenzielle Geschäftspartner Himmel und Hölle in Bewegung setzt, sofern er nur die kleinste Chance auf Erfolg sieht.

Im nächsten Durchlauf fragen Sie so:

„Lieber Herr Interessent, stellen Sie sich doch bitte einmal vor, diese xxxx Euro kämen Monat für Monat mit steigender Tendenz. Was würden Sie jetzt damit machen?"

Vermutlich geht es nun in die Richtung Auto, Haus oder Ähnliches, und damit nähern wir uns gewaltig dem Ziel. Spricht ein Mensch über ein wahres Ziel, so können Sie es an seiner Gestik und Mimik, der Stimmfarbe und vor allem in seinen Augen sehen. Haben Sie einen Treffer, dann malen Sie gemeinsam mit Ihrem Interessenten dieses Ziel aus, bis er es förmlich anfassen, riechen und sehen kann.

Haben Sie das Höchstmaß an Motivation erreicht, müssen Sie diesen Traum zerstören. So wie man einen Luftballon mit einer Nadel zum Platzen bringt. In diesem Fall ist Ihre Nadel eine relativ einfache Frage.

Sie: *Glauben Sie ernsthaft, dass Ihnen jemand ein solches Angebot machen würde, zum Beispiel Ihr Chef?*

Kunde: *Natürlich nicht!*

Jetzt sind Sie an der Reihe. Sie müssen Ihren Charme einsetzen und fragen erneut:

Sie: *Ich weiß, das war jetzt unfair. Wenn es nun aber doch ein solches Unternehmen gäbe, das Ihnen dieses Angebot machen würde, würden Sie es annehmen?"*

Kunde: *Ja, auf jeden Fall.*

■ Den Markt und sein Potenzial aufzeigen

Führen Sie das Einstellungsgespräch im Anschluss an eine Präsentation durch, dann erübrigt sich dieser Punkt und Sie können direkt zum nächsten übergehen.

Stellen Sie Markt und Potenzial dar, dann bitte so, als würden Sie ein Produkt präsentieren. Kurz, spannend und verständlich.

■ Das Geschäft und dessen Einfachheit darstellen

Dieser Teil ist eine Zusammenfassung des vorhergehenden Punkts. Er beinhaltet das Aufzählen aller Vorteile, die der Kunde genießt, und zeigt, wie einfach es ist, die Geschäftsgelegenheit umzusetzen.

■ Ein Gefühl von Sicherheit vermitteln

An dieser Stelle versichern Sie Ihren Interessenten sämtlicher Unterstützung und Ausbildung, die er von Ihnen und Ihrem Unternehmen erfahren wird, und der Tatsache, dass Sie, solange es notwendig ist, an seiner Seite sind und die ersten Gespräche sowieso von Ihnen geführt werden. Entlassen Sie ihn aus der Verantwortung und unterstreichen Sie, dass Sie als sein Betreuer für seinen Erfolg zuständig sind.

Die effektivste Variante, Sicherheit zu vermitteln, ist, die Geschichte eines Geschäftspartners zu erzählen, der in Ihrem Unternehmen arbeitet, erfolgreich ist und mit dem sich Ihr Interessent aufgrund des Alters, Geschlechts und/oder des Berufs identifizieren kann.

■ Treten Sie den Beweis an

Sie sind in Beweispflicht und müssen Ihrem Interessenten an dieser Stelle verdeutlichen, dass er seine Ziele und Wünsche auf jeden Fall erreicht, wenn er mit Ihnen zusammenarbeitet.

Rechnen Sie ihm das anhand des gewählten Betrages vor und lösen Sie sein Ziel mit einem Zeithorizont von einem Jahr auf. Auch für größere Ziele sollten Sie einen Zeitraum von einem Jahr nicht wesentlich überschreiten. Suchen Sie eher nach Varianten, die es in diesem Zeitraum ermöglichen. Wenn es zum Beispiel um ein teureres Auto geht, dann fragen Sie, ob es unbedingt ein neues sein muss oder ob es auch ein gutes gebrauchtes sein dürfte. Schon haben Sie viel Geld gespart. Und wenn es noch nicht reicht, rechnen Sie doch einfach noch den Verkaufserlös des jetzigen Wagens hinzu. Soll es ein Haus oder eine Eigentumswohnung werden, dann fragen Sie nach schon vorhandenem Eigenkapital und bieten Ihre Hilfe für die notwendige Finanzierung an.

■ Verkaufen Sie das Seminar

Die Einladung zu Ihrem Seminar rundet Ihr Einstellungsgespräch ab. Gleichzeitig erhält Ihr Interessent die Gelegenheit, seine Ernsthaftigkeit unter Beweis zu stellen. Ob Ihr Seminar kostenfrei ist oder nicht, spielt dabei keine erhebliche Rolle. Auf jeden Fall muss es verkauft werden.

Seminare für neue Geschäftspartner finden in der Regel an einem Wochenende statt und zerstören durchaus die Familienplanung für die wohlverdiente Freizeit. Ihre Aufgabe ist es, Ihrem

Interessenten die Wichtigkeit dieses Seminars zu verdeutlichen. Sie sollten sich dabei keinesfalls auf Alibilösungen einlassen. Nur zur Hälfte besuchte Seminare verfehlen ihre Wirkung. Vergeht bis zum Besuch des Seminars zu viel Zeit, besteht die Gefahr, dass Ihr Kandidat das Interesse verliert. Er verfügt schließlich erst über einen Bruchteil der Informationen und darüber hinaus ist er sich nicht ansatzweise bewusst, welche Chance an seine Tür geklopft hat. Hat Ihr Kandidat einen Ehe- oder Lebenspartner, so sollte der auf jeden Fall an diesem Seminar teilnehmen.

Empfehlenswert ist es, die Seminargebühr sofort nach dem Einstellungsgespräch zu kassieren. Sollte nicht ausreichend Bargeld im Hause sein, dann lassen Sie sich einen Scheck oder eine akzeptable Anzahlung geben und die verbindliche Anmeldung unterzeichnen. Hat der Interessent sich für die Teilnahme entschieden, gibt es keinerlei Gründe, nicht sofort zu bezahlen respektive zu unterzeichnen. Dieser Akt unterstreicht die getroffene Entscheidung und schützt vor Wankelmütigkeit. Ein bereits bezahltes Seminar wird garantiert in Anspruch genommen, und danach sieht die Welt sowieso ganz anders aus.

Ein Einstellungsgespräch ohne Abschluss, sprich Anmeldung, hat sein Ziel verfehlt!

Bedenken Sie auch an dieser Stelle, dass Ihr neuer Geschäftspartner geneigt ist, in den nächsten Tagen mit diversen Menschen über diese Gelegenheit zu sprechen. Sie sollten Ihren Kandidaten davon in Kenntnis setzen, dass er bei solchen Gesprächen mit Vorurteilen und dummen Bemerkungen zu rechnen hat. Der Neid der vermeintlichen Experten ist allgegenwärtig. Insbesondere der „allwissende Nachbar" und leider auch oft die „liebe" Familie stellen in dieser Phase ein großes Gefahrenpotenzial dar. Unter dem Deckmantel der Hilfe und des Beschützens werden große und verheißungsvolle Karrieren zerstört, bevor sie begonnen haben. An dieser Stelle sei eine Frage erlaubt: Woher nehmen diese Menschen das Wissen, um derartige Aussagen treffen zu können? Entweder ist es Hörensagen, die eigene Erfahrung des Scheiterns und viel zu oft die pure Angst davor, dass jemand erfolgreicher werden könnte als der Neider selbst! Was ist eine Hilfestellung unter diesen Voraussetzungen wert?

Bitte erläutern Sie Ihrem neuen Geschäftspartner auf jeden Fall die Hintergründe für diese Vorurteile und helfen Sie somit ihm und sich selbst. Hilfreiche Argumentationen haben Sie ja bereits im Vorfeld reichlich bekommen. Sie sollten ihm empfehlen, sich mit seinem Umfeld erst nach dem Seminar auseinander zu setzen. Zum einen geht er Diskussionen über ein Thema aus dem Weg, über das er erst unzureichende Informationen hat, und gleichzeitig schützt er sich auch vor dem Fehler, potenzielle Kunden und Empfehlungsgeber im Vorfeld zu verlieren. Derartige Gespräche sollten lieber in Verbindung mit dem Betreuer geführt werden. Der ist Profi, kann alle Fragen beantworten und gleichzeitig wertvolles Wissen an den neuen Geschäftspartner vermitteln.

■ Der Folgetermin als Basis der Einarbeitung

Dieser dem Einstellungsgespräch folgende Termin sollte fünf, allerspätestens drei Tage vor dem Seminar, jedoch maximal drei Tage nach dem Einstellungsgespräch stattfinden. Er bildet die Basis und Voraussetzung für eine fruchtbare Einarbeitung.

Dieser Termin wird grundsätzlich nicht beim Kunden abgehalten. Schließlich sind Sie der Chef, und er möchte mit Ihnen erfolgreich werden. Deshalb kommt er an einen von Ihnen bestimmten Ort und nicht umgekehrt.

Verfügen Sie über ein tolles und gut eingerichtetes Büro, dann sollten Sie diesen Ort wählen. Eine ebenfalls perfekte Location für Folgetermine stellen schöne und luxuriöse Hotels dar. In der Lobby findet sich immer ein angenehmer, ruhiger Platz, und Sie werden höflichst bedient. Ich bin ein wahrer Hotelfan und genieße jeden Aufenthalt und diese besondere Atmosphäre.

Bisher hat der neue Geschäftspartner nur Sie kennen gelernt. Jetzt wird es Zeit, dass er den Geruch der Freiheit, der großen weiten Welt und von deren Annehmlichkeiten aufnimmt. Aber spielen Sie bitte nichts vor, was Sie im Nachhinein nicht halten können. Lügen Sie auch nicht im Bezug auf Ihre Einkünfte. Spätestens nach einigen Wochen kennt er die Höhe Ihres Schecks, und wenn nicht, dann wird er anfangen, ihn anhand diverser Informationen zu schätzen. Reicht Ihr Einkommen aus Ihrer Sicht nicht zur Überzeugung aus, dann nutzen Sie Ihren Betreuer. Ist auch er noch nicht lange im Geschäft, dann suchen Sie sich einen, bei dem der Scheck passt.

Mit diesem Treffen verfolgen Sie ein Primär- und ein Sekundärziel. Das Primärziel ist, dass der neue Geschäftspartner registriert, dass Sie in einer anderen Liga spielen und er auch bald dazugehören wird. Das Sekundärziel ist die Vorbereitung auf das Seminar.

Perfekt wird dieses Treffen, wenn nicht nur Sie, sondern auch Ihr Betreuer oder dessen Betreuer zu diesem Termin erscheint und der neue Geschäftspartner eine zweite, wichtige und erfolgreiche Person kennen lernt.

Die Vorbereitung auf das Seminar bezieht sich in erster Linie auf eine vollständige **Kontaktliste**. Mit Nachdruck möchte ich Sie daran erinnern, dass Sie in der Einarbeitungsphase als Betreuer und Mentor die volle Verantwortung für den Erfolg Ihrer neuen Geschäftspartner tragen. Aus diesem Grunde müssen Sie insbesondere an dieser Stelle einhundertprozentig korrekt vorgehen. Nicht zu vergessen ist die Einhaltung Ihrer Versprechen. Sie haben dem neuen Geschäftspartner ein erfolgreiches Leben und die Realisierung seiner Wünsche und Ziele versprochen. Sie können dieser Verantwortung nur gerecht werden und Ihre Arbeit richtig machen, wenn Sie auch über die notwendigen Voraussetzungen verfügen.

Leider ist immer wieder festzustellen, dass diese wichtige und unerlässliche Namensliste viel zu oft stiefmütterlich behandelt oder sogar komplett weggelassen wird. Der gelungene Start und die damit verbundene erfolgreiche Zukunft im Strukturvertrieb ist vergleichbar mit dem Start eines Formel-1-Rennens. Missglückt der Start oder kommt es gar zu einem Totalausfall, so ist das Rennen in 99 Prozent aller Fälle gegen Sie entschieden. Dies begründet sich in der besonderen Funktionsweise dieser Vertriebsform, für die ein intaktes Umfeld der Geschäftspartner unabdingbar ist. Wird dieses Umfeld nicht oder falsch genutzt, endet auch hier eine vielversprechende Karriere, bevor sie überhaupt die Chance hatte zu beginnen. Nur die wenigsten unter uns sind in der Lage und willens, einen zweiten Anlauf erfolgreich zu meistern, und benötigen dafür obendrein auch noch sehr viel Zeit.

Form und Größe einer Namensliste sind nebensächlich, jedoch sollte sie ohne Lupe beschreibbar und mit 100 Einträgen zu versehen sein. Am Rand der Liste oder auf einem separaten Bogen befinden sich die Assoziationsworte. Assoziationsworte sind Worte, die eine gedankliche Brücke zu den dazugehörigen Kontakten schlagen werden.

Überfordern Sie Ihre Geschäftspartner nicht mit einer Liste, die mehr als 100 Einträge vorsieht. Sollten Sie Wert auf mehr als 100 Kontakte legen oder Ihr neuer Geschäftspartner sein Potenzial mit dieser Größenordnung noch nicht ausgeschöpft haben, dann bedienen Sie sich einer zusätzlichen Liste.

So weit so gut. Die wahren Fehlerquellen tauchen im Umgang mit dieser Liste auf. Sie sind in den ersten Wochen für die Abschlüsse und die Gewinnung neuer Geschäftspartner zuständig. Dieser Verantwortung können Sie nur dann gerecht werden, wenn Sie über die richtigen Kontakte Ihres Geschäftspartners verfügen. Wie auch bei der Empfehlungsnahme neigen unsere zwangsläufig unerfahrenen Kunden und Geschäftspartner dazu, die falschen Kriterien für die Auswahl der Kontakte anzusetzen.

Sie benötigen die besten und engsten Kontakte und das damit verbundene Grundvertrauen, das dem Geschäftspartner entgegenbracht wird. Der zweite Stolperstein ist die auf den ersten Blick riesig erscheinende Zahl von 100 Kontakten.

Diesen Satz bitte auf die Innenseite Ihrer Stirn einbrennen:

> **Niemals, egal was passiert oder Ihr Geschäftspartner Ihnen zu erklären versucht, füllt Ihr neuer Geschäftspartner die Kontaktliste alleine aus.**

Gerade im Hinblick auf eine erfolgreiche Multiplikation und die Entwicklung großer Organisationen müssen Sie an dieser Stelle äußerst sorgfältig vorgehen. Alle Fehler und Versäumnisse werden genauso multipliziert wie die erfolgreichen Arbeitsschritte. Vernachlässigen Sie diese Liste, so wird Ihr neuer Geschäftspartner es Ihnen gleichtun.

Es wird niemals das gemacht, was gesagt wird; vielmehr wird nur jenes getan, was man bei Ihnen gesehen und erlebt hat. Ihre Vorbildwirkung prägt das Verhalten Ihrer Geschäftspartner so nachhaltig, dass Ihnen Korrekturen im Nachgang sehr schwer fallen oder teilweise sogar unmöglich werden.

Führen Sie bereits Geschäftspartner, die noch neu und unerfahren sind, so sollten Sie diesen Prozess übernehmen und so lange mit den Geschäftspartnern trainieren, bis Sie auch in diesem Bereich gesehen haben, dass es beherrscht wird. Jede Minute, die Sie in die Ausbildung und Betreuung Ihrer Geschäftspartner investieren, wird Ihnen später als Stunden der Freizeit wieder ausbezahlt. Sie sind verantwortlich, und deshalb steuern Sie diese Arbeit. Jeder Kompromiss an dieser Stelle rächt sich unmittelbar und wird ein fauler zugleich sein.

Bevor Sie zur Tat schreiten, sollten Sie Ihrem Geschäftspartner den Sinn dieser Liste erläutern. Bitte nicht in der gleichen Art, wie ich Ihnen dieses Thema verdeutlicht habe. Nutzen Sie einfach ein kleines Beispiel. Sehr hilfreich ist immer der direkte

Bezug zur Selbstständigkeit in herkömmlicher Form und zu den damit verbundenen finanziellen Aufwendungen und Risiken, etwa mit folgenden Sätzen:

„Wo und in welchem Geschäft kann ich ohne den Einsatz von Kapital unglaublich viel Geld verdienen und ohne dabei das wirtschaftliche Risiko zu tragen? Dafür ist nämlich das Unternehmen zuständig."

Ihr Geschäftspartner wird Ihnen Recht geben, dass eine Liste mit 100 Kontakten im Vergleich zum Einsatz von 50 000, 200 000 oder gar einer halben Million Euro eine Kleinigkeit darstellt.

Achten Sie darauf, dass es keine Ablenkungsquellen in Ihrer Nähe gibt. Ihr Geschäftspartner benötigt für die vor ihm liegende Arbeit sehr viel Ruhe. Legen Sie die Liste auf den Tisch und drücken Sie Ihrem Geschäftspartner einen Kugelschreiber in die Hand. Sie beginnen mit dem ersten Assoziationswort und fragen grundsätzlich immer im Plural!

Beispiel:

Assoziation: **Beruf**

Sie:	*Herr Geschäftspartner, Sie sind Tischler von Beruf. Was genau machen Sie an Ihrem Arbeitsplatz?*
Geschäftspartner:	*Ich baue Türen und Fenster.*
Sie:	*Wie viele Kollegen haben Sie in Ihrer Firma?*
Geschäftspartner:	*40.*
Sie:	*Mit wie vielen pflegen Sie einen engeren Kontakt?*
Geschäftspartner:	*Zehn.*
Sie:	*Bitte tragen Sie diese zehn Personen in die Liste ein, aber bitte nur den Vornamen.*

Diese Fragetechnik wiederholen Sie jetzt noch ein paar Mal für verschiedene Lebensbereiche, und wie durch ein Wunder ist die Liste voll.

Nachdem diese Liste gefüllt wurde, ist die Arbeit für diesen Moment erledigt. Sie sollten Ihren Geschäftspartner für diesen ersten Erfolg loben und ihm auch sagen, dass er gerade die Grundlage für einen erfolgreichen Start gelegt hat. Bevor das Lob verzogen ist, sollten Sie ihm noch seine Hausaufgabe mitteilen. Diese Liste muss zu Hause um alle wichtigen und erforderlichen Angaben ergänzt werden. Setzen Sie ein Limit und vereinbaren Sie ein Telefonat zur Kontrolle. Das Telefonat führen Sie spätestens zwei Tage vor Seminarbeginn. Wurde aus irgendeinem Grund das Limit nicht eingehalten, hat er noch einen Tag Zeit, dieses Versäumnis nachzuholen. In diesem Falle sollten Sie ihn jedoch über die Konsequenz einer unvollständigen Liste informieren: Keine oder eine unvollständig ausgefüllte Liste = Kein Seminar!

Nutzen Sie den Rest der Zeit, um mit Ihrem Geschäftspartner zu sprechen, und erzählen Sie ihm zum Beispiel vom letzten Wettbewerb und wohin die Reise ging. Sicherheitshalber sollten Sie bei der Verabschiedung noch erwähnen, dass für das Seminar eine Kleiderordnung besteht.

4. Einarbeitung und Multiplikation

4.1 Das Grundseminar

Das erste Seminar ist für Ihren neuen Geschäftspartner mit einem Rendezvous vergleichbar. Es ist das erste intensive Kennenlernen und entscheidet über den weiteren Verlauf der Beziehung. Diese Begegnung muss für Ihren neuen Geschäftspartner perfekt ablaufen. Es beginnt damit, dass er auf jeden Fall passend gekleidet ist. Ist er es nicht, so wird er sich unter den anderen Teilnehmern nicht wohl fühlen, verspannen und eventuell komplett blockieren. Vergessen Sie bitte auch nicht die teilweise „übermenschliche" Wirkung der Betreuer und vor allem die der Referenten.

Negatives hat auf einem Grundseminar und in der Nähe neuer Geschäftspartner nichts verloren. Selbst wenn Ihnen die Frau oder der Mann weggelaufen ist, das Haus abgebrannt ist ..., beweisen Sie Ihre Professionalität und kümmern Sie sich später darum.

Ein solches Seminar konfrontiert Ihren Geschäftspartner mit einer neuen, glitzernden Welt voller Freude und Erfolg. Nehmen Sie Ihre Rolle als Betreuer sehr ernst und beginnen Sie bereits vor dem Seminar damit. Holen Sie Ihren Geschäftspartner auf jeden Fall ab und fahren Sie mit ihm gemeinsam in Ihrem Auto. Dass Ihr Auto gewaschen, ausgesaugt und nicht mit Unterlagen vollgepackt ist, versteht sich von selbst.

Die erste bedeutende Reaktion werden Sie feststellen können, wenn Sie in die Hotelauffahrt fahren und Ihr Geschäftspartner diesen grandiosen Fuhrpark erblickt. Nehmen Sie ihm die Schwellenangst, indem Sie ihm von den Menschen, ihrer Natürlichkeit und Liebenswürdigkeit berichten. Im gleichen Atemzug verkaufen Sie jedoch die Referenten als höchstkompetente und erfolgreiche Unternehmer, von denen jedes gesprochene Wort förmlich aufgesaugt werden sollte.

An der Hotelrezeption angekommen, checken Sie gemeinsam ein. Dieser für Sie normale Vorgang stellt durchaus für andere ein Problem dar und führt zur Verunsicherung. Im Grunde sollten Sie Ihren Gast auf jedem oder zumindest fast jedem seiner Schritte begleiten und zur rechten Zeit die Initiative übernehmen. Nicht um ihn abzuschirmen oder zu bevormunden, sondern um ihm ein Gefühl der Sicherheit zu vermitteln. Ab dem Punkt, an dem Sie feststellen, dass er das erforderliche Maß an Selbstbewusstsein geschöpft und andere Menschen kennen gelernt hat, geben Sie ihm die lange Leine.

Das Kennenlernen neuer Menschen ist sehr wichtig. Neben der inhaltlichen Wirkung des Seminars sind gerade auch die Menschen von extremer Bedeutung! Stellen Sie ihm alle Betreuer und Referenten vor und tragen Sie dafür Sorge, dass zumindest kurze Gespräche geführt werden.

Neben der Betreuung eigener Geschäftspartner sind Sie ebenso für alle anderen Geschäftspartner, auch für die aus anderen Organisationen, zuständig. Wird Ihnen ein neuer Geschäftspartner vorgestellt, dann erfüllen Sie Ihre Rolle bitte auch mit Bravour. Hintergrund dieser Gespräche sind weder das Wetter noch andere Belanglosigkeiten, sondern der „Verkauf" des Betreuers, des Unternehmens und der damit verbundenen Möglichkeiten unter Darstellung Ihrer eigenen Story. Alle Betreuer sind gemeinsam für alle Teilnehmer verantwortlich, und nur mit einem solchen Solidarverhalten werden Sie das Seminar zu einem Erfolg führen.

Ein Seminar ist nicht dann gut, wenn die Referenten Großmeister der Rhetorik und Motivation sind.

Ein Seminar war dann gut, wenn alle Betreuer ihren Job richtig gemacht haben, eine exzellente Stimmung erzeugt und am Ende Ergebnisse produziert wurden.

Einen Punkt sollten wir noch ansprechen, der durchaus den Erfolg eines Seminars erheblich beeinträchtigen kann. Befindet sich unter den Teilnehmern ein notorischer Nörgler und Störenfried oder ein Abgesandter der Konkurrenz, so muss diese Person rechtzeitig entfernt werden. Schicken Sie solche Teilnehmer umgehend nach Hause und lassen Sie sich dabei als Seminarleiter nicht lumpen. Zeigen Sie Größe, seien Sie höflich aber bestimmend, zahlen Sie den anteiligen Seminarpreis zurück und wünschen Sie ein schönes Leben.

Um die vorgenannten Aufgaben erfüllen zu können, ist es notwendig, pünktlich vor Beginn des Seminars zu erscheinen.

Idealerweise checken Sie spätestens eine Dreiviertelstunde vor Seminarbeginn ein und gehen danach sofort in die Lobby, um die anderen Teilnehmer und Betreuer zu treffen. Das Einhalten der Pausenzeiten ist nicht nur eine Frage der Höflichkeit dem Referenten und anderen Teilnehmern gegenüber. Ihre Pünktlichkeit und Konsequenz werden Vorbild für die Geschäftspartner sein und diese entsprechend prägen.

Während des Seminars sollten Sie sämtliche Kommentare unterlassen. Das Seminar ist nicht für Sie da, sondern ausschließlich für die neuen Geschäftspartner. Stellen die Referenten Fragen in den Raum, dann sollen sie von den Neuen beantwortet werden, nicht von Ihnen. Antworten Sie nur dann, wenn Sie direkt gefragt werden. Spricht Sie der Referenten persönlich an, dann hat er sich dabei etwas gedacht und verfolgt mit Ihrer Antwort auch ein bestimmtes Ziel.

Selbst wenn Sie schon unzählige Male auf einem dieser Seminare gewesen sind und als Souffleur auftreten könnten, demonstrieren Sie Interesse und schreiben Sie alles mit. Schreiben Sie nicht, schreibt Ihr Geschäftspartner auch nicht. Schneiden Sie keine Grimassen und schlafen Sie um Gottes Willen nicht ein!

Der permanente Besuch dieser Seminare ist auch für Ihre persönliche Entwicklung von zentraler Bedeutung. Erstens höhlt der stete Tropfen den Stein, und weiterhin sollten Sie bedenken, dass es nicht mehr allzu lange dauern wird, bis Sie das erste Mal auf einem Seminar referieren werden. Also schreiben, schreiben, schreiben!

Am Ende des ersten Seminartages wird Ihr Geschäftspartner sehr erschöpft und aufgeregt zugleich sein. Gönnen Sie ihm eine Pause und besuchen Sie gemeinsam den Wellnessbereich, schwimmen Sie ein paar Runden im Hotelpool oder spielen Sie ein wenig Tennis. Nach relativ kurzer Zeit werden Sie beide wieder entspannt sein. Im Anschluss daran und noch vor dem Abendessen widmen Sie sich erneut der Namensliste.

Besprechen Sie gemeinsam alle Kontakte, suchen Sie sich die 25 bis 30 besten und engsten Kontakte heraus und fordern Sie Ihren Geschäftspartner auf, diese auf einer separaten Liste inklusive aller Daten zu notieren. Sie werden diese Liste am nächsten Tag zum ersten Mal benötigen, und deshalb achten Sie persönlich darauf, dass sie noch vor dem Abendessen fertig wird.

Gut durchdachte und gehaltvolle Seminare benötigen auf jeden Fall mindestens zwei Tage. Auch wenn das Seminar in Ihrer Region durchgeführt wird, übernachten Sie genau wie Ihr Geschäftspartner im Hotel. Die am ersten Seminartag erzeugte Spannung und Hoffnung spiegelt sich sehr häufig in munteren und frohen abendlichen Runden wider. Gehen Sie jedoch aus dem Hotel, ziehen Sie um die Häuser, so müssen Sie am nächsten Tag mit geringerer Beteiligung und schlechterer Konzentration rechnen.

Sorgen Sie dafür, dass jedes dieser Seminare für Ihre Geschäftspartner ein Highlight wird und damit in schönster Erinnerung bleibt. Die beeindruckende Wirkung, die ein Grundseminar erzeugt, wird in vielen Momenten der Karriere von Vorteil sein. Insbesondere dann, wenn Ihre Geschäftspartner neue Interessenten auf ein solches Seminar einladen.

Sicherlich ist gerade das „Après-Seminar" ein sehr wichtiger Bestandteil der Geschäftspartnerbindung. Gerade deswegen darf es nicht ausarten, und dafür sind letztlich alle Betreuer verantwortlich.

Achten Sie auf gezügelten und angemessenen Alkoholkonsum und nutzen Sie die Zeit für Teamspiele. Ist im Haus eine Kegel- oder Bowlingbahn vorhanden, sollte sie auf jeden Fall genutzt werden. Alternativ gibt es unzählige andere Möglichkeiten, um Spaß in der Gruppe zu erzeugen. Möchten Sie sich und vor allem den Teilnehmern einen Gefallen tun, dann sorgen Sie dafür, dass alle spätestens um ein Uhr nachts in ihren Betten liegen – und zwar bitte jeder in seinem!

Der nächste Seminartag wird viel lockerer und doch anstrengend sein. Die Atmosphäre hat sich durch den gemeinsamen Abend sichtlich gelöst, die ersten Bekanntschaften sind geschlossen, und teilweise wurden schon gemeinsame Pläne geschmiedet.

Das Seminar endet nicht dann, wenn der Referent es schließt. Jetzt beginnt der Teil, in dem Sie und Ihr Geschäftspartner aktiv werden. Es wird Zeit, den Worten auch Taten folgen zu lassen.

Carsten Maschmeyer, der Gründer und amtierende Vorstandsvorsitzende des AWD, sagte in einem Interview mit der Zeitschrift Focus sehr treffend:

> *„Visionen ohne Aktionen sind Halluzinationen!"*

Befragen Sie den Geschäftspartner nach seinen Eindrücken und was ihm besonders an diesem Seminar gefallen hat. Resümieren Sie noch einmal die Karriere- und Verdienstmöglichkeiten der ersten Wochen und Monate. Nehmen Sie sich die Liste mit den selektierten Kontakten zur Hand und besprechen Sie mit Ihrem Geschäftspartner das weitere Vorgehen. Nicht selten müssen Sie an dieser Stelle beruhigend und motivierend zugleich sein.

Erörtern Sie gemeinsam unter Berücksichtigung Ihrer Erfahrungen, wie diese Kontakte angesprochen werden sollten, um die ersten Termine zu vereinbaren. Als Zielgröße empfehle ich Ihnen für nebenberufliche Geschäftspartner sechs bis zehn und für hauptberufliche Partner mindestens zehn bis fünfzehn Termine in der folgenden Woche.

Die Terminvereinbarung wird nicht von Ihnen, sondern vom Geschäftspartner selbst durchgeführt. Hierbei handelt es sich nicht um eine Terminvereinbarung im herkömmlichen Sinne. Im Grunde vereinbart der Geschäftspartner mit seinen Freunden und Bekannten ein Treffen und kündigt an, dass er einen Geschäftspartner mitbringt.

Das könnte wie folgt aussehen:

„Hallo Fred, wir müssen uns unbedingt in den nächsten Tagen treffen. Ich bin durch Zufall auf eine absolut brandheiße Sache gestoßen, von der ich dir berichten muss.

Ich habe jetzt leider keine Zeit, dir davon am Telefon zu erzählen.

Das Beste wäre, wenn wir uns direkt mit dem Menschen treffen, der mich darauf aufmerksam gemacht hat. Das ist ein absolut pfiffiger Geschäftsmann, von dem wir beide eine Menge lernen können. Ich komme am ... um ... bei dir vorbei und bringe ihn dann mit. Aber bitte zieh' dir etwas Nettes an, und einen Kaffee möchte ich auch haben."

So oder ähnlich könnte das Telefonat aussehen. Machen Sie sich einfach ein paar Gedanken dazu. Ich bin mir sicher, dass Sie eine für sich praktikable Variante finden werden. Bereiten Sie Ihren neuen Geschäftspartner auf diese Telefonate vor und stellen Sie sicher, dass er die Gespräche in seinem üblichen Sprachgebrauch führt und sich nicht verstellt.

Auch hier ist vereinzelt mit Einwänden zu rechnen. Achten Sie darauf, dass Ihr Geschäftspartner davon nicht entmutigt wird, erklären Sie ihm, warum so etwas passieren kann, und geben Sie ihm eine Hilfestellung.

Unbedingt vermeiden sollten Sie folgende Passage:

„Ich habe gerade ein tolles Seminar besucht ..."

Keinesfalls darf der Geschäftspartner sich auf ein produktbezogenes Telefonat einlassen. Er wird garantiert in seiner Erklärung und Argumentation zusammenbrechen. Vielmehr muss der Gesprächspartner von der Begeisterung mitgerissen werden und vor allem merken, dass es Ihrem Geschäftspartner sehr ernst ist und etwas Besonderes dahinter stecken muss.

4.2 Die professionelle Einarbeitung

Der Gründer und Vorstandsvorsitzende der Futura Finanz AG Michael Turgut nennt „den Zustand der eigenen Überflüssigkeit" als sein wichtigstes Ziel und das seiner Geschäftspartner.

Diese Aussage beschreibt sehr treffend, worum es geht. Betrachten Sie einmal die wichtigen Grundpfeiler dieses Geschäfts:

- Akquisition,
- Verkauf,
- Einstellung,
- Einarbeitung und Multiplikation.

Wenn Sie über gut ausgebildete und selbstständig handelnde Geschäftspartner verfügen, die in der Lage sind, diese Aufgaben ohne Ihre Hilfe zu erledigen, dann haben Sie es geschafft. Ab diesem Tag sind Sie für diese überflüssig und sollten sich auch nicht mehr in das Tagesgeschäft Ihrer Führungskräfte einmischen. Vielmehr verlagern sich Ihre Aufgabenstellungen in eine übergeordnete Ebene. Das sind die Business Trainings, Seminare und die Führung Ihrer Geschäftsstelle beziehungsweise Direktion. Nebenbei haben Sie natürlich auch eine Unmenge an Zeit gewonnen, um sich Ihren Kunden widmen zu können und neue, direkte Geschäftspartner einzustellen.

Die Multiplikation ist ein Prozess des stetigen Wissenstransfers, sowohl in der Theorie als auch in der Praxis. Einer geglückten Multiplikation geht eine professionelle Einarbeitung voraus, die von enormer Bedeutung ist und die Grundlage aller weiteren Erfolge darstellt. In der Theorie ist es sehr einfach. Sie müssen eigentlich nur dafür sorgen, dass Ihr erworbenes Wissen und Ihre Arbeitsweise von Ihrem Geschäftspartner zu 100 Prozent übernommen werden. Es geht nicht darum, Ihre Persönlichkeit und deren Besonderheiten zu kopieren. Nur die Technik und erfolgreiche Gewohnheiten sind gefragt.

Eine erfolgreiche Einarbeitung und folgende Multiplikation ist nur dann wirklich sinnvoll und durchsetzbar, wenn Wissen und

Fertigkeiten vollständig vermittelt werden. Stellen Sie deshalb bitte sicher, dass Sie in allen Bereichen fit sind und alle Gesprächsleitfäden, die Sie in Ihrem Unternehmen verwenden, blind beherrschen.

Ich bin ein Freund und Verfechter der Individualität. Deshalb klingt der Hinweis auf die Gesprächsleitfäden sicherlich im ersten Moment wie ein Widerspruch, ist es aber beileibe nicht: Diese Gesprächsleitfäden, also der „rote Faden", sind eine enorme Hilfe bei der Multiplikation, wenn nicht sogar deren unverzichtbares Rückgrat. Insbesondere in den ersten vier Wochen wird Ihr neuer Geschäftspartner durch die Fülle an Informationen erschlagen. Ein gedruckter, schnell erlernbarer Leitfaden bringt Licht ins Dunkel und erleichtert den Lernprozess ungemein.

In den folgenden Wochen sind Sie der Lehrer und der neue Geschäftspartner der Schüler. Das sollte unmissverständlich klar sein. Ob Sie wollen oder nicht, *alles*, was Sie in dieser Zeit sagen, unternehmen, aber auch unterlassen, wird von Ihrem Geschäftspartner dupliziert. Seien Sie sich dieser Tatsache immer bewusst.

Sie haben am letzten Seminartag bereits Termine zur Präsentation vereinbart. Die ersten Termine führen Sie komplett alleine durch, und Ihr Geschäftspartner sitzt nur dabei, hört zu und lernt. Informieren Sie Ihren Geschäftspartner entsprechend. Ansonsten kann es durchaus passieren, dass eine psychologisch wohl überlegte und rhetorisch ausgefeilte Argumentation durch ein unbedachtes Hineinplappern zunichte gemacht wird.

Jeweils zum Abschluss des Tages trainieren Sie mit Ihrem Geschäftspartner die einzelnen Gesprächsteile und kontrollieren den Lernfortschritt.

Sind Sie zu der Überzeugung gelangt, dass der Geschäftspartner einen in sich geschlossenen Teil beherrscht, dann beginnen Sie damit, ihn in die Kundengespräche teilweise einzubinden. Wählen Sie diese Teile jedoch mit Bedacht aus. Beginnen Sie immer mit Gesprächsteilen, die einfach sind und bei Misslingen keine Katastrophe erzeugen. Hier bietet sich auf jeden Fall die Einleitung an. Später ist es das Thema Ziele, Wünsche und Motive und im Anschluss das Empfehlungsgespräch. Diesen Prozess führen Sie so lange fort, bis die Präsentation bis hin zum Abschluss im Wesentlichen funktioniert. Erst wenn der gesamte Verkaufsprozess rund läuft und in allen Facetten beherrscht wird, gehen Sie zum Einstellungsgespräch über. Das Einstellen ist die hohe Schule, bedingt eine perfekte Präsentation und einiges an Erfahrung.

> Eine **Einarbeitung** muss immer folgendem Schema folgen:
>
> 1. Sie führen das Gespräch und der Geschäftspartner lernt.
> 2. Sie führen das Gespräch, der Geschäftspartner übernimmt einzelne Teile.
> 3. Der Geschäftspartner führt das Gespräch, Sie stellen ein.
> 4. Der Geschäftspartner führt alles alleine durch, Sie sehen zu und korrigieren bei Bedarf.
> 5. Der Geschäftspartner ist in der Lage, vollends selbstständig zu agieren.

Nur wenn Sie diesen Ausbildungsprozess richtig, konsequent und bis zum Erreichen von Punkt 5 vollziehen, werden Ihre Geschäftspartner in der Lage sein, ebenfalls ihr erlerntes Wissen und die erlangten Fähigkeiten weiterzugeben.

Unerlässlich ist ein regelmäßiges Training und auch Lernen. Training bedeutet, Erlerntes zu festigen, den Lernfortschritt festzustellen und Korrekturen vorzunehmen. Voraussetzung ist also ausreichend Eigeninitiative des neuen Geschäftspartners im Bezug auf das Lernen der Leitfäden. Stellen Sie fest, dass an dieser Stelle zu wenig oder gar nicht gearbeitet wird, muss schnellstens reagiert werden.

Zusätzlich zu den privaten Trainingseinheiten, die durchaus auch mit mehreren Geschäftspartnern gleichzeitig durchgeführt werden können, sollte der Besuch der wöchentlichen **Business Trainings** eine Bedingung für Ihre Zusammenarbeit sein. Diese Trainings sind für die Entwicklung des Geschäftspartners ebenso wichtig wie die praktische Einarbeitung. Ich habe den durchgängigen Besuch der Trainings bereits immer am Ende des ersten Seminartages als Bedingung einer Zusammenarbeit aufgestellt. Ist das Thema frühzeitig besprochen und geklärt, gibt es später keine Ausflüchte.

4.3 Trainings, Meetings und Seminare

■ **Business Trainings**

Business Trainings finden ausnahmslos und regelmäßig immer am gleichen Wochentag zur gleichen Zeit statt und dienen der Ausbildung und dem Training aller Geschäftspartner.

Bester Zeitpunkt für ein Business Training (BT) ist der Freitag in der Zeit von 20.00 bis 22.00 Uhr. Im Grunde ist es egal, wann Sie ein Training ansetzen, es wird nie der für alle passende Zeitpunkt sein. Im Hinblick auf unsere Kunden ist es jedoch sehr sinnvoll, diesen Zeitraum zu wählen. Am Freitagabend möchten viele unserer Kunden ihre Ruhe haben oder ausgehen. Also respektieren wir es und nehmen diese Zeit für die Ausbildung unserer Geschäftspartner in Anspruch.

Zu gegebener Zeit sollten Sie für Ihre hauptberuflichen Führungskräfte ein zusätzliches Business Training an einem Wochentag (außer Freitag) in der Zeit von 10.00 bis 12.00 Uhr einführen.

Das BT unterteilt sich in zwei Gruppen. Die eine Gruppe umfasst alle neuen, und die zweite ist den fortgeschrittenen Geschäftspartnern vorbehalten. Diese Trennung macht Sinn, da neue Geschäftspartner ganz andere Themen und Inhalte benötigen als die fortgeschrittenen. Empfehlenswert ist es immer, das Business Training zunächst gemeinsam zu eröffnen und Themen zu behandeln, die für alle relevant sind, und dann im zweiten Teil entsprechend zu trennen.

Wer führt diese Business Trainings durch? Der erste Teil des Trainings und das Training der Fortgeschrittenen wird immer durch den „Chef" oder dessen stärkste Führungskraft durchgeführt. Chef ist in diesem Falle der Leiter der Geschäftsstelle oder Direktion. Das Business Training für die neuen Geschäftspartner führt wiederum eine der erfolgreichsten Führungskräfte durch. Scheidet diese später aus der Bürogemeinschaft aus und eröffnet eine eigene Geschäftstelle, so rückt die nächste Führungskraft nach.

Nicht zu vernachlässigen ist auch die **Ausbildungsfunktion**, die ein Business Training für den Referenten hat. Zum einen kann er in bekanntem und vertrautem Kreise trainieren und wachsen, zum anderen ist es die beste Vorbereitung auf einen Einsatz im Grundseminar.

Das Business Training für die Hauptberufler ist definitiv Chefsache. Führungskräfte, die es in die Hauptberuflichkeit geschafft haben, benötigen hochqualifizierte Informationen und die Führung eines erfahrenen und „mit allen Wassern gewaschenen" Referenten. Dieses Training sollte nur von Direktionsleitern oder vergleichbaren Führungskräften durchgeführt werden.

Die Inhalte der Business Trainings unterscheiden sich je nach Publikum. Im Business Training der neuen Geschäftspartner liegt der Fokus im Bereich der Gesprächsleitfäden und des zu vermittelnden Basiswissens in Bezug auf die angebotenen Produkte. In den anderen Trainings stimmen Sie die Inhalte mit den erkannten Entwicklungen und den Ergebnissen der Statistiken ab, jedoch sollten Sie die Gesprächsleitfäden in regelmäßigen Abständen wiederholen. Auch ein „alter Hase" kann sich mal verlaufen, und seine wichtigste Aufgabe ist eben eine perfekte Einarbeitung und Multiplikation.

Beginnen Sie ein solches Business Training immer mit der **Wochenstatistik**. Das bereits ausgefüllte Statistikformular wird vom Trainer zu Beginn des Meetings eingesammelt und sollte folglich rechtzeitig von den Teilnehmern ausgefüllt werden. Diese Statistik dient neben der eigenen Erfolgskontrolle einem doppelten Zweck. Der Trainer kann aufgrund der Statistik sehr schnell die Schwachpunkte und Tendenzen anhand der Quoten erkennen und seine Trainings in den folgenden Wochen entsprechend ausrichten. Dieser Punkt ist insbesondere für die Trainings der Fortgeschrittenen und Hauptberufler von Bedeutung.

Ein weiterer positiver Effekt entsteht für die neuen Geschäftspartner. Für sie ist jede vorgelesene Statistik ein Beweis dafür, dass dieses Geschäft funktioniert. Ist einmal eine Woche oder ein wichtiges Gespräch verrutscht, so können sie spätestens auf dem Business Training neue Energie und Glauben gewinnen. Hören sie an einem Abend zwanzig-, dreißig- oder gar fünfzigmal, dass es funktioniert, dann werden auch sie wieder glauben können und in der nächsten Woche sicherlich wieder Erfolge erzielen. Andererseits, was gibt es Schöneres für einen Menschen, als in öffentlicher Runde für seine Erfolge gelobt zu werden (und seien sie auch noch so klein).

Im weiteren Verlauf des Trainings ist immer darauf zu achten, dass, egal, was Sie trainieren, es mindestens einmal von Ihnen vorgemacht wird. Danach lassen Sie in der Gruppe und später vor der Gruppe trainieren. Das Training in und vor der Gruppe ist wichtiger, als Sie glauben mögen. Ich kenne viele Verkäufer, die sich mit zusammengeflickten Gesprächen immer wieder beim Kunden durchsetzen können und verkaufen. Das ist sicherlich toll und spricht für die Verkaufsfähigkeiten des Geschäftspartners, aber für einen Strukturvertrieb ist es das pure Gift. Solche Gespräche sind extrem persönlichkeitsabhängig und deshalb nicht duplizierbar. Vor der Gruppe kann sich ein solcher Verkäufer nicht durchwuseln. Er muss sich an den Leitfaden halten und wird ihn zwangsläufig im Laufe der Zeit erlernen müssen. Damit ist das Ziel wieder erreicht, zumal auch solche Verkäufer ausreichend Verantwortungsgefühl mitbringen und in der Einarbeitung diesen Leitfaden benutzen werden.

Der Mensch wächst in der Geschwindigkeit, in der ihm Herausforderungen präsentiert werden. Trotzdem überfordern Sie bitte ganz neue Geschäftspartner nicht damit, sie zu schnell vor die Gruppe zu stellen und frei reden zu lassen. Geben Sie ihnen ein wenig Zeit, aber auch nicht zu viel. Eine Ausnahme stellen natürlich die dar, die es sofort wollen. Lassen Sie Ihre Teilnehmer vor der Gruppe sprechen, dann achten Sie immer darauf, dass die Runde mit einem erfahrenen Geschäftspartner beginnt und sich danach jeweils ein neuer und ein erfahrener Geschäftspartner abwechseln. So vermeiden Sie das Problem, dass sich Fehler in die Gespräche einschleichen, die später schwer zu korrigieren sind.

■ Das Terminierungsmeeting

Das Terminierungsmeeting ist das erste Stück Verantwortung, das ein neuer Geschäftspartner übernimmt. Es ist noch weitaus mehr, es bildet die Basis einer erfolgreichen Akquisition.

Einen für alle Kunden passenden und idealen Zeitpunkt des Anrufs gibt es nicht und damit auch nicht für dieses Meeting. Sicherlich ist der Zeitpunkt der Akquisition stark zielgruppenabhängig, jedoch arbeiten Strukturvertriebe fast ausschließlich im Privatkundenbereich, und insofern kommt für die Akquisition immer nur der späte Nachmittag, der Abend oder das Wochenende in Frage. Es bietet sich auch hier der Freitag an, zumal alle Geschäftspartner sowieso zum Business Training im Büro erscheinen.

Das Terminierungsmeeting sollte um 17.00 Uhr beginnen, wobei die erste Stunde der Vorbereitung dient. Diese Stunde ist nicht zum Schwatzen, sondern zum Arbeiten da, und darauf sollten Sie als Leiter dieses Meetings peinlichst achten. Wird die Stunde nicht für die wichtige Vorbereitung genutzt, dann geht allen wertvolle Zeit verloren. Sie haben nur zwei Stunden für die eigentliche Akquisition, und jede Minute, die in der Vorbereitung fehlt, geht zu Lasten des Erfolgs.

Eine sinnvolle Vorbereitung umfasst neben der Vorbereitung und Aufarbeitung der anzurufenden Kunden und Empfehlungen auch die Planung der Terminanzahl.

Wenn wir über Akquisition sprechen, dann über das sinnvolle und erfolgreiche System des Empfehlungsmarketings. Bei dieser Akquisitionsform stellen zwei Stunden normalerweise mehr als ausreichend Zeit dar. Ein nebenberuflicher Geschäftspartner hat in der Regel sechs und der hauptberufliche zehn bis fünfzehn Termine zu vereinbaren. Rechnen Sie im Durchschnitt mit zwei bis drei Anrufversuchen, bevor ein Kunde erreicht wird. Das Akquisitionsgespräch an sich benötigt nicht mehr als fünf Minuten. Bedenken Sie bitte, dass wir nicht über Kaltakquisition oder andere „Krücken", sondern über die persönliche Empfehlung eines zufriedenen Kunden reden.

Das Terminierungsmeeting setzt sich in der Regel aus einem Geschäftspartner als Leiter und maximal fünf neuen Geschäftspartnern zusammen. Alle telefonieren gemeinsam, haben so die Möglichkeit, voneinander zu lernen, und außerdem macht es in der Gruppe viel mehr Spaß. Akquiriert jeder für sich alleine oder gar zu Hause, dann können Sie davon ausgehen, dass in der nächsten Woche nicht sonderlich viel los sein wird. Es gibt unzählige Sachen, die gerade dann unheimlich wichtig werden und keine Zeit zum Telefonieren lassen. Zum Beispiel steht der Abwasch an, die Kinder müssen betreut werden, im Fernsehen kommt gerade eine schrecklich spannende Serie und so weiter!

Leiter des Terminierungsmeetings sind Sie. Das ändert sich erst dann, wenn Ihre Geschäftspartner eigene Geschäftspartner einstellen und die Gruppe zu groß wird. Dann ist Ihr Geschäftspartner dafür zuständig und leitet sein eigenes Meeting. Übrigens: Auch der Leiter eines Terminierungsmeetings vereinbart Termine. Und nicht nur das, Sie sind Vorbild, eröffnen mit dem ersten Telefonat und sollten alles dafür tun, dass Sie Ihre Zielgröße erreichen. Erreichen Sie die von Ihnen geplante Terminanzahl nicht, dann werden Ihre Geschäftspartner Ihnen sehr schnell nacheifern.

Sollte einer Ihrer Geschäftspartner seine Zielgröße nicht erreichen, dann vereinbaren Sie einen Termin am Samstagvormittag und holen Sie den Rest nach. Entlassen Sie keinen Geschäftspartner in die nächste Woche, der nicht ausreichend Termine vereinbart hat. Auch wenn es manchmal schwer fällt und die Sonne lockt, dieser Verantwortung müssen Sie unbedingt gerecht werden.

Zur Unterstützung und Motivation Ihrer Geschäftspartner bieten sich immer kleine Wettbewerbe an, die Sie durchaus mit gemeinsamen abendlichen Aktivitäten im Anschluss an diesen Bürotag verknüpfen können.

■ Das Grundseminar

Hier geht es nun um das Grundseminar aus der Sicht des Unternehmens und der Referenten. Das Grundseminar ist eines der wichtigsten Werkzeuge für den Strukturaufbau. Es dient nicht, wie teilweise fälschlich angenommen, der Produktschulung und Ausbildung neuer Geschäftspartner. Ein Grundseminar muss, etwas übertrieben ausgedrückt, einen Urknall auslösen, den der Teilnehmer noch Wochen und Monate danach spüren kann. Vergleichen Sie Ihre neuen Geschäftspartner mit einer Rakete. Stück für Stück wird sie zusammengesetzt und zur rechten Zeit gezündet, um ihren Weg zu den Sternen anzutreten. Das und nichts anderes ist Ziel eines Grundseminars.

Grundseminare müssen genauso dupliziert werden wie die Pommes Frites von McDonald's. Es muss in jeder Stadt und jedem Ort das gleiche Grundseminar durchgeführt werden. Aber genau an dieser Stelle liegt das große Gefahrenpotenzial für ein Unternehmen und dessen Erfolg. Denn nicht nur Modetrends ändern sich, sondern auch das Wissen und die Befindlichkeiten der Menschen. Im Laufe der Jahre konnte ich unzähligen Grundseminaren und Unternehmenspräsentationen beiwohnen und musste dabei häufig feststellen, dass teilweise überholtes Wissen oder gar Unwahrheiten verbreitet wurden. Ich unterstelle diesen Unternehmen oder Referenten noch nicht einmal, dass es absichtlich gemacht wird. Getreu dem Motto: „Die Schlauen klauen, und nur die Dummen erfinden neu" werden Grundseminare und Präsentationen abgekupfert und deren Inhalte nicht hinterfragt. Das Wesen der Duplikation sorgt anschließend dafür, dass alle nachfolgenden Referenten die gleichen Fehler begehen.

Es gilt nicht, das Rad neu zu erfinden. Vielmehr geht es darum, ein Grundseminar auf die Bedürfnisse Ihres Unternehmens einzurichten und es – gleich einem Baukastensystem – aus bewährten Modulen zusammenzustellen. Die defekten, alten und überholten Bausteine müssen durch zeitgemäße und richtige ersetzt werden. Alle dazu notwendigen Teile haben Sie bereits zur Verfügung.

Die häufigsten Fehlerquellen sind neben den unzähligen Zitaten und Beispielen gerade auch die fachlichen Aspekte der Seminare. Auch der Faktor Mensch spielt eine nicht zu vernachlässigende Rolle in diesem Spiel.

Es gibt zwei goldene Regeln für ein Grundseminar:

Regel 1: Alle Zitate, Beispiele und Anekdoten müssen wahr und auch dienlich sein.

Vor einigen Jahren nahm ich an einem Verkaufstraining in der Schweiz teil. Der Trainer glänzte mit einem unglaublichen Talent und erzählte zur Auflockerung des neuen Abschnitts eine sehr außergewöhnliche Anekdote aus seinem Vertriebsleben. Was er und wir Teilnehmer zu diesem Zeitpunkt noch nicht wussten: Er schaufelte sich in diesem Moment sein eigenes Grab. Die Pause folgte und sein Co-Trainer, der während des besagten Teils nicht anwesend war, schubste seinen Kollegen und sich in jenes Grab. Voller Freude und Begeisterung erzählte er uns in epischer

Breite und Länge exakt die gleiche Story, die angeblich ihm widerfahren sei. Über den weiteren Verlauf des Seminars muss ich vermutlich nicht mehr sonderlich viel sagen. Abgesehen davon, dass sich beide zu Narren machten, war sämtliche Glaubwürdigkeit zum Teufel gegangen.

Deshalb appelliere ich an Sie: Begehen Sie bitte nicht den gleichen Fehler. Lügen haben kurze Beine, werden schneller als Ihnen lieb ist erkannt und kratzen gewaltig an Ihrer Integrität und Glaubwürdigkeit.

Gefragt ist zum wiederholten Male Ihre Kreativität. Insbesondere die von Ihnen gewählten Beispiele sollten genau hinterfragt und recherchiert sein. Nichts ist peinlicher und destruktiver, als mit einem falschen oder falsch erklärten Beispiel aufzufliegen. Und das vor versammelter Mannschaft!

Zitieren Sie jemanden, dann sollten Sie wissen, wer der wahre Autor dieser Aussage ist und ihn auch benennen.

Regel 2: Jeder Referent ist Spiegelbild des Unternehmens und sollte wissen, wovon er spricht.

Nicht nur Umsätze und Positionen der Geschäftspartner entscheiden über die Besetzung der Referate. Vielmehr sind zum Vorteil des Unternehmens und aller Geschäftspartner fachlich und rhetorisch geeignete und geschulte Referenten auszuwählen. Je nach Art und Inhalt des Referats sind natürlich die Prioritäten dieser Voraussetzungen unterschiedlich zu bewerten.

Es empfiehlt sich auf jeden Fall, sofern es in Ihrem Unternehmen nicht schon etabliert ist, ein spezielles Ausbildungsprogramm für Referenten zu entwickeln oder entwickeln zu lassen.

Weiterhin ist bei der Zusammenstellung eines Referententeams auf Ausgewogenheit zu achten. Stellen Sie nur Vollprofis mit einer atemberaubenden Rhetorik vor die Menge, so werden Sie vermutlich ebenso viele Reibungsverluste zu verzeichnen haben, als wenn Sie nur vor Aufregung schwitzende und der Muttersprache nicht ganz mächtige Referenten verwenden. Die Wahrheit liegt wieder einmal in der Mitte. Ein guter Mix sorgt für die besten Ergebnisse.

Ein professionelles Grundseminar wird immer durch einen Seminarleiter moderiert. Neben seiner Verantwortung für den reibungslosen technischen Ablauf ist er insbesondere für die Eröffnung und das An- und Abmoderieren der Referenten zuständig. Diese Aufgabe darf kein Anfänger übernehmen. Sie sollte einer Person überlassen werden, die nicht nur humorvoll, sondern auch sehr verbindlich und freundlich ist. Eben einem wahren Sympathieträger.

Der auf die Eröffnung folgende Referent sollte der beste sein, den Sie zur Verfügung haben, und er muss deshalb auch entsprechend vom Seminarleiter angekündigt werden. Dieser Vollprofi ist dafür verantwortlich, das gebrochene Eis zum Schmelzen und später zum Kochen zu bringen.

Je nach Verlauf des Seminars wechseln sich jetzt in ihrer Wirkung vergleichbare Referenten ab.

Das Seminarende wird wiederum durch Ihren Profi übernommen. Sofern kein wichtiger Grund vorliegt, sollte dieser Referent außerhalb seiner Parts nicht im Seminar anwesend sein. Zum einen wird er regelmäßig gemustert und sorgt so eventuell für Unaufmerksamkeit, zum anderen wird seine Wichtigkeit durch die Abwesenheit zusätzlich untermauert. Dieser Profi wird zu gegebener Zeit die eingangs beschriebene Rakete zünden und muss deshalb wie ein „Halbgott im Anzug" wirken. Selbstverständlich dürfen Damen an dieser Stelle auch Kostüme tragen.

5. Recruiting for professionals

Dieser Teil behandelt die hohe Schule des Recruitings. Wir gehen dabei nochmals auf unsere Branchenkollegen und andere Möglichkeiten der Geschäftspartnergewinnung ein.

Wichtiger Hinweis:

➤ Alle nachgenannten Möglichkeiten sind **kein** Ersatz für Ihr Tagesgeschäft und sind ausschließlich in unterstützender Funktion zu sehen.

➤ Sie müssen in Ihrer Persönlichkeit stark und gefestigt sein, um hiermit Erfolge zu verzeichnen.

➤ Neue Geschäftspartner, denen zwangsläufig die dazu notwendige Erfahrung fehlt, holen sich nur unnötig „blaue Augen".

➤ Diese Vorgehensweisen sind nicht oder nur bedingt zur Multiplikation geeignet.

■ Abwerbung von Geschäftspartnern

Wir haben bereits über den Sinn oder vielmehr Unsinn des Abwerbens von Branchenkollegen gesprochen. Grundsätzlich halte ich an meinen Aussagen fest. Allerdings gibt es wie immer eine kleine und feine Ausnahme, für die es auch völlig unerheblich ist, ob unsere Kandidaten im Strukturvertrieb oder als Einzelkämpfer arbeiten.

Das Abwerben von Geschäftspartnern und Führungskräften ist eine Alltäglichkeit und meiner Meinung nach in den „sportlichen" Teil einzuordnen. Es läuft immer nach dem gleichen Muster ab und endet in einer teilweise unglaublichen Schlammschlacht. An dieser Stelle möchte ich an Sie appellieren und Sie darum bitten, diesen Prozess wirklich sportlich und unter Ausschluss persönlicher Befindlichkeiten zu betrachten. Als Verursacher sollten Sie sich genau überlegen, ob dieser enorme

Aufwand gerechtfertigt ist, und Sie müssen immer darauf achten, dass Ihre Zielperson dabei nicht Schiffbruch erleidet.

Bedenken Sie bitte immer, dass ein Geschäftspartner nur dann wechselt oder sich mit einem solchen Gedanken trägt, wenn er einen triftigen Grund hat. Er wird nur dann für die Angebote anderer empfänglich sein, wenn irgendetwas im Argen liegt und er aus seiner Sicht in einem Wechsel die einzige Chance sieht, seine Situation zu verbessern. So etwas kündigt sich in der Regel rechtzeitig an. Deshalb sollten Sie immer ein wachsames Auge und vor allem ein Ohr für die Probleme Ihrer Geschäftspartner haben.

Sind Sie also davon betroffen, besteht die einzige Möglichkeit darin, sich mit Ihrem Geschäftspartner zusammenzusetzen, um die Ursachen zu erkennen und Lösungen zu finden. Gelingt es Ihnen nicht, eine für beide Seiten sinnvolle und akzeptable Lösung zu finden, oder möchten Sie es eventuell auch nicht, dann sollten Sie sich mit diesem Umstand anfreunden und ihn akzeptieren.

Ist eine Trennung unausweichlich, dann lassen Sie den Geschäftspartner ziehen und trennen Sie sich weitestgehend einvernehmlich. Eine Trennung im Bösen bringt beiden Seiten nur Ärger und hält vom Wesentlichen ab. Sie und auch Ihr Geschäftspartner leben vom Verkauf, nicht von Prozessen und Schlammschlachten.

Wann und unter welchen Umständen macht eine Abwerbung Sinn?

Vor Beantwortung dieser Frage sei nochmals betont, dass Sie einen erfolgreichen und zufriedenen Geschäftspartner nicht abwerben können. Es wird Ihnen nur dann gelingen, wenn Sie zum rechten Zeitpunkt Ihre Offerte platzieren.

Jede Karriere ist zwangsläufig mit erfolgreichen und weniger erfolgreichen Phasen bestückt. Das macht es eben so schwierig. Zum Zeitpunkt des Kennenlernens ist es fast unmöglich zu wissen, in welcher Phase sich Ihr Gesprächspartner zur Zeit befindet. Deshalb ist das Abwerben oft ein sehr langwieriger Prozess, bei dem sehr viel Fingerspitzengefühl, Charme und Geduld erforderlich sind. Ideale Kandidaten sind nicht die Anfänger in diesem Geschäft und auch seltener „die alten Hasen", die am Ende der Karriereleiter stehen. Interessant ist die Mittelschicht. Führungskräfte, die ihr erfolgreiches Handeln bereits bewiesen haben und an einem Punkt angelangt sind, an dem es im Moment nicht spürbar weitergeht.

In vielen Karrieresystemen ist der Sprung vom Mittelfeld in die letzten zwei oder drei Karrierestufen oft sehr langwierig. Dass dieser Sprung nicht oder noch nicht geschafft wurde, bedeutet noch lange nicht, dass der Geschäftspartner dazu nicht in der Lage wäre. Dieser benötigte Zeitraum nagt jedoch in jedem Geschäftspartner und macht ihn durchaus anfällig. Je länger dieser Zeitraum andauert – umso besser für den Angreifer. Ich betone jedoch nochmals, dass der Wechsel für diese Kandidaten sehr häufig mit Verlusten einhergeht. Steht der Geschäftspartner im Geld und hat er eine funktionierende Struktur, dann werden Sie mit Ihrem Angebot vor verschlossenen Türen stehen. Nur wenn der monatliche Scheck nicht ausreicht und sein Strukturwachstum unzureichend ist, haben Sie eine reale Chance. Sind Sie jetzt in der Lage, ihm eine wirklich attraktive Alternative zu bieten, dann stehen Ihre Chancen mehr als gut.

Bevor Sie das eigentliche Einstellungsgespräch beginnen, sollten Sie erst einmal eine solide Basis schaffen und für gegenseitigen Respekt und Sympathie sorgen. Bitte verfallen Sie nicht dem Fehler, sich der Prahlerei hinzugeben und mit Zahlen zu jonglieren, die den Ihren nicht entsprechen. Geben Sie zu erkennen, wer Sie sind, aber immer mit einem wohltemperierten Understatement. Ein solches Verhalten wird um ein Vielfaches mehr honoriert als ein aufgeblasener Ballon. Solange Sie diese Voraussetzungen nicht geschaffen haben und sich nicht einhundertprozentig sicher sind, dass er angreifbar ist, sollten Sie keinen direkten Abwerbungsversuch unternehmen. Bedenken Sie immer, dass ein unzufriedener Konkurrent wohl ungern zugeben wird, wie es um ihn bestellt ist.

Gehen Sie lieber den indirekten Weg. Zwangsläufig werden Sie nach der gegenseitigen Vorstellung, ein paar Runden Fachsimpelei und gesponnenem Vertriebsgarn an den Punkt gelangen, an dem Ihr Gesprächspartner wissen möchte, warum Sie so erfolgreich sind. Dass er es wissen möchte, heißt allerdings noch lange nicht, dass er es auch sagt.

Leiten Sie das Gespräch zu gegebener Zeit geschickt in diese Richtung und beginnen Sie mit einem **indirekten Einstellungsgespräch.** Dieses Gespräch hat mit einem Einstellungsgespräch, das Sie mit Kunden oder anderen Bewerbern führen, nur sehr wenig gemeinsam. Ihr Gegenüber ist bereits in einer Phase, in der vorhandene Wünsche schon als Ziele definiert sind und er diese so schnell wie möglich erreichen möchte. In sehr vielen Fällen ist es auch nicht unbedingt der monetäre Bereich, der zu einer Unzufriedenheit führt. Anerkennung, Freude an der Arbeit, Spaß mit den Kollegen und persönliche Wertschätzung sind ebenso wichtig. Ihr indirektes Einstellungsgespräch muss all diese Aspekte positiv behandeln, um seine volle Wirkung zu entfalten.

Folgende Punkte muss Ihr Einstellungsgespräch auf jeden Fall enthalten:

- Überdurchschnittliche Marktchancen
- Das Besondere oder das Alleinstellungsmerkmal des Produkts
- Perfekte wirtschaftliche Rahmenbedingungen
- Mit mir und meinem Unternehmen erreicht man seine Ziele auf jeden Fall schneller.
- Wir sind Erfolgsgaranten, wenn die Gegenseite stimmt.
- Wir sind erfolgreich, deshalb bestens gelaunt.
- Bei uns ist keiner eine Nummer, sondern in allererster Linie ein Mensch, dem auch geholfen wird, wenn es mal zu Problemen kommt.

Diese Liste lässt sich noch beliebig verlängern.

Achten Sie bitte darauf, immer indirekt zu agieren. Sprechen Sie immer in dritter Person und achten Sie auf das Verhalten Ihres Gesprächspartners. Merken Sie, dass Sie an einer Stelle sein Interesse geweckt haben, dann arbeiten Sie sich so lange behutsam vor, bis Sie sich sicher sind, dass er „angebissen" hat. Dieser Prozess kann durchaus mehrere Gespräche in Anspruch nehmen und teilweise auch Wochen und Monate andauern. Jedes Mal, wenn Ihnen der Kandidat entgegenkommt, gehen Sie kurz darauf ein und entfernen sich wieder von ihm. Diese behutsame Vorgehensweise können Sie mit dem Zähmen eines wilden Tieres vergleichen. Schritt für Schritt gewinnen Sie sein Vertrauen, und das Tier wird Ihnen an passender Stelle immer ein Stück näher kommen, um sich daraufhin wieder in eine Sicherheitszone zurückzuziehen.

Der entscheidende Moment für einen direkten Vorstoß muss mit Bedacht gewählt sein, ansonsten wird Ihr Gesprächspartner Ihnen entgleiten und eine Blockade errichten. Dieser Vorstoß muss sitzen und gleichzeitig die letzten Zweifel beseitigen.

Haben Sie ihn für sich gewonnen, dann zählt Geschwindigkeit. Verlieren Sie keine Zeit und integrieren Sie ihn sofort in Ihr Unternehmen. Jede Minute, die unnütz verstreicht, kann eine zu viel sein und Zweifel aufkommen lassen. Er muss so schnell wie möglich mit anderen erfolgreichen Menschen Ihres Unternehmens in Kontakt kommen und das Grundseminar besuchen. Erst wenn er im Grundseminar sitzt, ist er ausreichend gefestigt. Im zweiten Arbeitsgang müssen Sie im unmittelbaren Anschluss an das Grundseminar spürbare Erfolge produzieren.

Die zweite Variante ist der Weg über eine **Kooperation**. Einer solchen stehen erfolgreiche oder erfolgreich denkende Menschen immer aufgeschlossen gegenüber, sofern sie einen Vorteil für sich und ihre Kunden erkennen können. Für diesen Weg bieten sich zum Beispiel Makler und kleinere Vertriebsunternehmen an. Voraussetzung ist natürlich, dass Sie keine vergleichbaren oder konkurrierenden Produkte platzieren möchten. Das wird nicht funktionieren. Suchen Sie sich deshalb ein geeignetes Produkt aus Ihrer Palette aus.

Ist es Ihnen gelungen, eines Ihrer Produkte in einem kleineren Vertrieb zu platzieren, werden andere erfahrungsgemäß folgen. Ich selbst habe mich über exakt diesen Weg irgendwann erneut als Geschäftspartner im Strukturvertrieb wiedergefunden.

■ Der Direktkontakt

Der Direktkontakt ist mein persönlicher Liebling und hat mich vermutlich auch zu dem gemacht, was ich heute bin. Ich gebe es ungern zu, aber ich war schüchtern und sehr zurückhaltend. Das will mir heute keiner mehr glauben, und man beginnt zu schmunzeln, wenn ich darüber spreche.

Zu Beginn meiner Zeit als Immobilenverkäufer habe ich den Großteil meiner erfolgreichsten direkten Geschäftspartner „von der Straße" bezogen. Allerdings sei angemerkt, dass ich die Geschäftspartnergewinnung aus dem Kreise meiner Kunden zu diesem Zeitpunkt noch nicht ernsthaft in Betracht zog.

Nach einer Zeit der Entbehrung und unzähligen „blauen Augen" landete ich meinen ersten Volltreffer. Es war ein sehr erfolgreicher Mitarbeiter der Stammorganisation eines großen Versicherers. Sein Erfolgswille war unbegrenzt, und wir schaffen es, ihn für eine Kooperation zu gewinnen. Dieser Zusammenarbeit folgte alsbald eine vollständige Mitarbeit, und er entwickelte sich im Laufe der Zeit zu meiner umsatzstärksten Führungskraft.

Die erfolgreiche Direktansprache erfordert, dass Sie sehr geschickt und charmant vorgehen, sowohl in der Auswahl als auch in der Ansprache der Kandidaten. Plumpe Gespräche und eine schlechte Vorbereitung führen direkt ins Aus.

Sprechen Sie niemals wahllos Menschen an. Beobachten Sie und suchen Sie nach Menschen, die sich durch etwas Bemerkenswertes von der grauen Masse abheben. Hören Sie auch vermeintlich belanglosen Gesprächen aufmerksam zu. Es ist nicht fein und schickt sich nicht, aber ich belausche auch schon mal ein Gespräch am Nachbartisch, wenn bestimmte Aussagen oder Stichworte meine Aufmerksamkeit erregt haben. Dieses Beobachten und „Sortieren" sollten Sie so häufig wie möglich durchführen und perfektionieren, so dass es irgendwann völlig unterbewusst abläuft und Ihr „interner Scanner" automatisch auf eine geeignete Zielperson anschlägt.

Was zeichnet **eine geeignete Zielperson** aus:

- ein starker Drang nach Anerkennung
- Selbstbewusstsein
- sympathische Ausstrahlung
- Leistungsbereitschaft und Engagement
- Extrovertiertheit
- Wortgewandtheit
- konstruktive und motivierende Themen- und/oder Wortwahl

Fällt ein Mensch mit einer dieser Besonderheiten auf, dann sollten Sie mit ihm Kontakt aufnehmen.

Die Gesprächseröffnung stellt für die meisten Menschen ein scheinbar unüberwindbares Hindernis dar. Warum fällt es so schwer, ein Gespräch zu beginnen? Ein Gespräch ohne Hintergrund ist schnell angezettelt und gewinnt bald an Eigendynamik. Verfolgen wir jedoch ein bestimmtes Ziel mit diesem Gespräch, wird es eng, und die meisten Menschen verkrampfen.

Der Ansatz eines Kontaktgespräches ist nicht, sofort einen neuen Geschäftspartner aufzutun. Im Vordergrund steht das neutrale Kennenlernen eines neuen Menschen. Erst später, wenn Sie ihn näher kennen, können Sie überhaupt entscheiden, ob er in Frage kommt oder nicht. Deshalb sollten Sie im Vorfeld die neutrale Kontaktaufnahme trainieren, ohne dabei ein Ziel zu verfolgen. Trainieren Sie diese Kontaktaufnahme so lange, bis sie zur Selbstverständlichkeit wird. Erst dann folgen die nächsten Schritte. In der Regel sollte ein Trainingszeitraum von einer Woche ausreichen.

Beginnen Sie in den alltäglichen Momenten Ihres Lebens, zum Beispiel mit Ihren Nachbarn. Nicht selten lebt man jahrelang Tür an Tür und hat nicht mehr als „Guten Tag" zueinander gesagt. Hervorragende Möglichkeiten bieten sich auch an der Kasse im Supermarkt, eigentlich überall da, wo Sie auf fremde Menschen treffen.

Anfänglich werden Sie vielleicht eine Starthilfe in Form einer Floskel benötigen. Kein Problem, suchen Sie sich eine passende, auf die Situation abgestimmte heraus. Bei Aldi an der Kasse haben Sie beispielsweise eine gute Möglichkeit. Ich bewundere jedes Mal – wenn ich mal einkaufen gehe – die enorme Geschwindigkeit, mit der per Hand die einzelnen Produkte in die Kasse eingetippt werden. Und das alles aus dem Kopf, ohne Scanner oder Liste. Ein perfekter Moment, die Kassierern dafür aufrichtig zu loben und Bewunderung über diese Fähigkeit zum Ausdruck zu bringen. Wechseln Sie einige nette Worte mit ihr, und das war es. Steigern Sie sich von Gelegenheit zu Gelegenheit und dehnen Sie die Gespräche immer weiter aus. Sie werden sich wundern, wie viel Vertrauen Sie in kürzester Zeit aufbauen können und was Ihnen so alles erzählt wird. Dabei liefern Ihnen diese Menschen völlig unbewusst diverse Motive für eine eventuelle Mitarbeit. Das Thema Geld und dass alles so teuer geworden ist, lässt selten lange auf sich warten. Oder dass man völlig unzufrieden mit seinem Job ist, aber nicht weiß, wie man es ändern soll.

Beobachten Sie Menschen und sprechen Sie diese in anerkennender Form auf das an, was Ihnen aufgefallen ist. Es gibt unzählige Dinge im Leben, die es zu loben gilt, auch oder gerade dann, wenn es vermeintliche Selbstverständlichkeiten sind. Das kann wie gesagt die Kassiererin an der Kasse sein, ein Kellner, der sehr verbindlich und höflich ist, ein Mensch, der eine tolle und gewinnende Ausstrahlung hat. Die Menschen werden Ihnen dafür dankbar sein, aber nur dann, wenn Sie es wirklich ehrlich meinen und auch so vermittelt haben. Alles andere läuft fast wie geschmiert und ein Wort wird das andere ergeben.

Als Zielgröße empfehle ich Ihnen **mindestens zehn solcher Gespräche pro Tag**. Jedoch ist es in der Trainingszeit komplett untersagt, ein Angebot zu unterbreiten oder nach einer Telefonnummer zu fragen. Das können Sie beim nächsten Besuch gerne nachholen. Erst wenn Sie sich sicher sind und es zur Normalität geworden ist, solche Gespräche zu führen, dann beginnen Sie damit, die Kontakte aktiv zu benutzen.

Haben Sie ein gutes Gespräch geführt und ist auch ausreichend Sympathie auf beiden Seiten entstanden, dann bringen Sie Ihre Offerte geschickt ein. Konfrontieren Sie niemanden mit Details, sondern greifen Sie die Ihnen angebotenen Motive und Probleme auf und bieten Sie Hilfe an.

Das könnte so aussehen:

„Sie erwähnten vorhin, dass Sie in Ihrer jetzigen Tätigkeit unzufrieden sind und obendrein auch zu wenig Einkommen erzielen. Eventuell hätte ich sogar eine passende Gelegenheit für Sie. Ich kann Ihnen an dieser Stelle überhaupt nichts versprechen. Ich kann Ihnen zu diesem Zeitpunkt nur ein Gespräch anbieten, in dem wir als Unternehmen herausfinden, ob Sie zu uns passen und ob diese Tätigkeit etwas für Sie wäre. Geben Sie mir bitte Ihre Telefonnummer und ich werde mich bei Ihnen melden."

■ Don't call us, we call you!

Geben Sie nie Ihre Telefonnummer heraus, ohne dafür die Ihres Gesprächspartners zu erhalten. Lassen Sie sich nicht einreden, dass der andere Sie anruft. Aus den Augen, aus dem Sinn. Sie sind der Spielmacher und stellen die Regeln auf. Deshalb müssen Sie auch in der Lage sein, darüber zu entscheiden, wann telefoniert wird. Haben Sie keine Nummer, dann war alles für die Katz.

Zwischen dem Erstkontakt und der Terminvereinbarung sollten mindestens zwei und maximal vier Tage liegen. In Ihrem Angebot vermitteln Sie gewollt Abstand, und deshalb wäre es ein großer Fehler, zu früh anzurufen. Lassen Sie sich zu viel Zeit, so gerät die Erinnerung an das angenehme Gespräch zu sehr in Vergessenheit.

Als Profi haben Sie sich, natürlich unbemerkt, Notizen über die Besonderheiten des Gesprächs und vor allem den Namen gemacht. Greifen Sie während der Terminvereinbarung auf jeden Fall darauf zurück. Auch im später folgenden persönlichen Gespräch sind diese Notizen sehr wertvoll. Legen Sie sich eine Kartei an und bewahren Sie diese Notizen mit allen Kontaktdaten und einer Historie der Gesprächsinhalte auf. Von Zeit zu Zeit wird es Ihnen auch passieren, dass zum jetzigen Zeitpunkt irgendwelche Gründe gegen eine Zusammenarbeit sprechen. Deshalb wird es einige Kandidaten geben, die Sie über Wochen, Monate oder auch Jahre verfolgen werden. Irgendwann kriegen wir sie dann doch! Und jede Information, die Ihnen zur Verfügung steht, wird es Ihnen leichter machen.

Anhang – Gut zu wissen

Glossar

Direkte
Als Direkte werden Mitarbeiter einer Struktur oder Organisation bezeichnet, die Ihnen oder anderen Führungskräften direkt unterstellt sind. Das sind alle die Mitarbeiter, die sich in ihrer ersten Strukturebene befinden.

Direktion
Geschäftstellen und Repräsentanzen von Strukturvertrieben werden in der Regel immer in Verbindung mit dem Ort oder dem Namen des verantwortlichen Leiters genannt. Zum Beispiel Geschäftstelle München oder Geschäftstelle Max Mustermann. Erreicht der Leiter der Geschäftstelle die jeweilige Position des Karriereplans, so wird es auch in der Bezeichnung seiner Geschäftsstelle entsprechend anerkannt, und diese könnte dann durchaus Bezirksdirektorat Mustermann oder Direktion München lauten.

Downline
Der Begriff Downline stammt aus dem Sprachgebrauch des Multi-Level-Marketings respektive des Network-Marketings und bezeichnet die gesamte Struktur, die einer Führungskraft zugeordnet ist.

Ebene
Eine Ebene umfasst alle Mitarbeiter Ihrer Struktur, die sich horizontal gesehen auf gleicher Stufe befinden. Diese Stufe ist nicht mit der Stufe des Karriereplans zu verwechseln. Ihre direkten Mitarbeiter befinden sich beispielsweise in der ersten Ebene. Deren Direkte wären folglich Ihre zweite Ebene und die erste Ebene Ihrer Direkten.

Einheit
Einheiten bilden eine Art interner Währung in Karriereplänen. Siehe „Teil I – 10. Wie funktionieren die Marketing- und Karrierepläne?".

Empfehlungsmarketing
Empfehlungsmarketing beschreibt nicht nur die Art der Akquisition an sich, sondern in der Vielzahl der Fälle auch eine Unternehmensphilosophie im Hinblick auf die Kundengewinnung. Kurz gefasst ist darunter die Kundengewinnung durch die aktive Mithilfe bereits beratener Kunden zu verstehen. Ihre Kunden benennen potenzielle Interessenten und wirken mitunter bei der Terminvereinbarung mit. Siehe dazu „Teil II – 2. Akquisition und Empfehlungsmarketing".

Generation
Der Begriff Generation wird ausschließlich im Network-Marketing bzw. Multi-Level-Marketing verwendet. Ursächlich dafür ist die Funktionsweise der dort üblichen Marketingpläne. Als Generation werden die Ebenen bezeichnet, die sich qualifiziert haben und ebenfalls bonusberechtigt sind. Im Umkehrschluss ist es also so zu verstehen, dass mitunter mehrere Ebenen eine Generation darstellen können. Siehe „Teil I – 10.2. Die Marketingpläne im Network-Marketing".

Geschäftspartner
Dieser Begriff ist als Pendant zu anderen Bezeichnungen wie zum Beispiel Mitarbeiter, Vertriebspartner, Distributor, Verkäufer etc. zu verstehen und sagt nichts über die jeweilige Einstufung aus.

Gesprächsleitfaden
Die Gesprächsleitfäden stellen eine Vertriebsunterstützung dar und sind im Normalfall für alle Bereiche des Vertriebsprozesses vom Unternehmen oder von erfahrenen Geschäftspartnern entwickelt worden. Diese Leitfäden existieren in Form von stichpunktartigen Mustern bis hin zu vollständig ausformulierten Gesprächsvorlagen. Sicherlich stellen voll ausformulierte Leitfäden

in der Einarbeitungsphase eine sehr hilfreiche Unterstützung dar, später jedoch sollte ausschließlich der „rote Faden" verfolgt und trainiert werden, um so ausreichend Raum für die Individualität des Einzelnen zu lassen.

ID-Nummer
Die ID ist das Gegenstück zur Mitarbeiternummer. Die Bezeichnung ID steht für Identification Number und wird fast ausschließlich in Unternehmen des Network-Marketings benutzt.

Karriereplan
Der Karriereplan regelt die Stellung der Mitarbeiter im Strukturvertrieb zueinander, enthält die Bedingungen für Beförderungen in die einzelnen Stufen, ist Regelwerk für sämtliche Szenarien der Stufengleichheit etc. und bestimmt letztlich über die Höhe der Vergütung. Siehe „Teil I – 10.1. Die Karrierepläne der Strukturvertriebe".

Marketingplan
Der Marketingplan regelt die Stellung der Mitarbeiter im Network-Marketing zueinander, enthält die Bedingungen für Beförderungen in die einzelnen Stufen, ist Regelwerk für die Qualifikationen und bestimmt letztlich über die Höhe der Vergütung. Siehe „Teil I – 10.2. Die Marketingpläne im Network-Marketing".

Multi-Level-Marketing (MLM)
MLM ist ein Sammelbegriff für alle Vertriebsformen, deren Vertriebsorganisation aus multiplen Verkaufsebenen besteht und deren Mitarbeiter beliebig viele Ebenen durch die Anwerbung neuer Geschäftspartner entwickeln können.

Network-Marketing (NM)
Network-Marketing beschreibt in seiner ursprünglichen Bedeutung den Vertrieb von Produkten über die Beziehungsnetzwerke der angeschlossenen Vertriebspartner und von deren Kunden. Das unterstellte Vertriebsmuster lautet wie folgt: „Ich habe mit diesem Produkt eine positive Erfahrung gemacht, und deshalb

rate ich dir, es auch zu benutzen." Somit ist es sehr eng mit dem Empfehlungsmarketing verwandt.

Qualifikation
Der Begriff Qualifikation muss – je nach Vertriebsart – differenziert betrachtet werden. Im „klassischen Strukturvertrieb" benutzt man ihn, um die Bedingungen für das Erreichen der nächst höheren Provisionsstufe innerhalb des Karriereplans zu bezeichnen.

Recruiting/Recruitment
Mit Recruiting (engl.) ist der Anwerbungs- und teilweise auch anfängliche Ausbildungsprozess neuer Geschäftspartner gemeint.

Sponsor
Der Sponsor ist der Geschäftspartner, der Sie direkt unter Vertrag genommen hat und sinngemäß für Ihren Erfolg und den richtigen Start Ihrer Karriere verantwortlich ist. Auch dieser Begriff wird fast ausschließlich im Network-Marketing benutzt.

sponsern
Jemanden zu sponsern bezieht sich in seiner ursprünglichen Auslegung auf die Förderung Ihrer Karriere. Jedoch wird dieser Begriff mehr und mehr für den bloßen Anwerbungsakt benutzt und der eigentliche Prozess des Sponserns als Coaching bezeichnet.

Upline
Die Upline ist das exakte Gegenteil der Downline. Hiermit sind alle Mitarbeiter des Unternehmens gemeint, die von Ihnen abgehend in direkter Linie zum Unternehmen führen, sprich der Geschäftspartner, der Sie gesponsert hat, dann dessen Sponsor und so weiter. Dieser Begriff wird sehr häufig zu repräsentativen Zwecken genutzt. Zum Beispiel, um potenziellen Geschäftspartnern damit zu erklären, dass der sehr erfolgreiche Mister X für die Entstehung dieser Struktur verantwortlich war und sein Wissen und Können stark zum Erfolg aller in dieser Struktur beitragen kann. Im Umkehrschluss ist es insbesondere im Network-Marketing sehr von Vorteil, auch zur Upline einen engeren Kon-

takt zu halten. Zum einen kann es durchaus passieren, dass der eigene Sponsor ausfällt, nicht in der Lage oder auch nicht willens ist, für den Erfolg seiner Struktur Sorge zu tragen. In einem solchen Fall können Sie sich die notwendigen Tipps und die Unterstützung in der Upline holen.

Ranking der Strukturvertriebe

Die nachfolgenden Rankings und Auflistungen geben einen ersten Überblick über die Marktpartner. Hinweis: Die den Rankings zugrunde liegenden Angaben stammen von den jeweiligen Unternehmen und wurden nicht separat geprüft. Die Rankings stellen keine qualitative Bewertung der Produkt- und Beratungsqualität dar. Nicht alle Unternehmen der Branche haben an der Befragung teilgenommen, so dass durchaus Abweichungen in der Positionierung möglich sind.

Die Auflistung der relevantesten Network-Marketing-Unternehmen beruht – in Ermangelung einer zuverlässigen Marktbefragung – auf eigenen Nachforschungen und erhebt deshalb ebenfalls keinen Anspruch auf Vollständigkeit und Richtigkeit. Auch diese Liste stellt keine qualitative Bewertung der Produkt-, Unternehmens- und Beratungsqualität dar.

Die größten Allfinanzvertriebe

geordnet nach Provisionserlösen im In- und Ausland

Rang 2003	Gesellschaft	Provisionserlöse 2003 in Mio. €	Anzahl der Mitarbeiter	Telefon	Internet www.
1	Deutsche Vermögensber. AG	701,10	30 523	069/2384-0	dvag.com
2	AWD Holding AG	562,70	6 490	0511/90200	awd.de
3	MLP Finanzdienstleistung AG	405,80	4 606	06221/308-0	mlp.de
4	OVB Vermögensberatung AG	150,20	8 091	0221/2015-0	ovb.de
5	Futura Finanz AG	116,50	4 377	09281/15570	futura-finanz.de
6	Bonnfinanz AG	79,20	1 173	0228/5330	bonnfinanz.de
7	GKM AG	48,00	2 336	09405/9150	gkm-ag.de
8	FG Finanz-Service AG	25,00	660	07131/6243-0	fg-finanz-service.de
9	Global Finanz GmbH	22,34	300	0228/9704100	Global-finanz.de
10	Qualit GmbH & Co. KG	22,00	2 000	02041/18740	qualit.de

Quelle: Cash. Das Kapitalanlagemagazin – www.cash-online.de, Stand: 07/2004

Die größten Spezialvertriebe

geordnet nach Neugeschäft im In- und Ausland

Rang 2003	Gesellschaft	Neugeschäft 2003 in Mio. €	Anzahl der Mitarbeiter	Telefon	Internet www.
1	eFonds24 GmbH	290,00	2 477	08143/9990	efonds24.de
2	Dr. Ebertz & Partner oHG	277,77	50	0221/4890163	ebertz.de
3	FVT Imm.+Finanzholding	269,00	659	07531/924040	fvt-gruppe.de
4	Magus GmbH & Co.	245,00	75	09092/910070	magus-gruppe.de
5	Intercapital GmbH	240,00	410	0781/91550	intercapital.de
6	Haus & Geld GmbH	198,80	8	02623/924960	haus-und-geld.com
7	BF.direkt AG	190,00	24	0711/2255440	bf-direkt-ag.de
8	Brenneisen Capital AG	168,00	242	06222/58040	brenneisen-capital.de
9	Büro Wömpener	145,80	5	0521/296081	buero-woempener.de
10	Oltmann Gruppe	132,34	18	0491/14844	oltmann-gruppe.de

Quelle: Cash. Das Kapitalanlagemagazin – www.cash-online.de, Stand: 07/2004

Network-Marketing-Unternehmen
alphabetisch sortiert

Unternehmen	Branche	Internet www.
ACN	Telekommunikation	acneuro.com
AMWAY	Wellness, Kosmetik, Ernährung	amway.com
Avon	Kosmetik	avon.de
Channoine Cosmetics CBS	Kosmetik	channoine.com
Euphony	Telekommunikation	euphony.com
Forever Living Products	Wellness, Ernährung	flpg.de
Herbalife	Wellness, Ernährung	herbalife.com
Innoflex	Telekommunikation, Strom	innoflex.de
Jafra Cosmetics	Kosmetik	jafra.de
Life Plus	Wellness, Ernährung	lifeplus.com
LR international	Wellness, Ernährung, Kosmetik	lr-international.de
Mary Kay Cosmetic	Kosmetik	marykay.de
MaxxLife / MaxxLifeWoman	Finanzen	maxx-life.de
Morinda – Tahiti Noni Juice	Wellness, Ernährung	morinda.com
Neways	Wellness, Kosmetik, Ernährung	neways.com
Nikken	Wellness, Ernährung	nikkenuk.com
NSA International	Wellness, Ernährung	nsaonline.com
Nuskin	Wellness, Ernährung	nuskin.com
Nutrion for Life (NFL)	Wellness, Ernährung	nutritionforlife.com
PM International	Wellness, Ernährung	pm-international.com
Royal Body Care	Wellness, Ernährung	rbcnow.com
TupperWare Worldwide	Haushaltsutensilien	tupperware.de
Unicity Network	Wellness, Ernährung	unicitynetwork.com

Quelle: Eigene Erhebung.

Informationsempfehlungen

Fachzeitschriften und Info-Dienste

Hier speziell einige Empfehlungen für Finanzdienstleister: Insbesondere in dieser Branche ist es nicht nur ratsam, sondern auch inzwischen zu einem Muss geworden, regelmäßig die einschlägigen Fachpublikationen zu lesen und einen Nachweis darüber erbringen zu können. Neben der Fülle an verfügbaren Informationen, die Sie sehr sinnvoll in Ihrer Arbeit und gerade für Ihre Produktargumentationen einsetzen können, wird in den geeigneten Quellen auch regelmäßig über „schwarze Schafe", die Qualität einzelner Produkte und die rechtlichen Rahmenbedingungen berichtet. Hintergründe und Tipps finden Sie u.a. in folgenden Medien:

- Cash. Das Kapitalanlage-Magazin (www.cash-online.de)
- Focus Money (www.focus-money.de)
- Capital (www.capital.de)
- Manager Magazin (www.manager-magazin.de)
- Wirtschaftswoche (www.wirtschaftswoche.de)
- GUB – Fondsguide (www.gub-fondsguide.de)
- k-mi (kapital-markt intern) (www.markt-intern)
- DFI-Report (www.dfi-report.de)

Bücher

Carnegie, Dale: Freu dich des Lebens! Die Kunst, beliebt, erfolgreich und glücklich zu werden, Frankfurt am Main 2003.

Carnegie, Dale: Besser miteinander reden, Frankfurt am Main 2003.

Christiani, Alexander: Weck den Sieger in dir, Wiesbaden, 2. Auflage 2000.

Christiani, Alexander: 111 Motivationstipps für persönliche Höchstleistungen, Landsberg 2002.

Geffroy, Edgar K.: Clienting. Kundenerfolge auf Abruf jenseits des Egoismus, Landsberg 2000.

Klöckner, Bernd W.: Verkaufstraining für Finanzdienstleister, Wiesbaden 2003.

Kremer, Alfred J.: Reich durch Beziehungen, Landsberg 2001.

Pickens, James W.: Closing – Erfolgsstrategien für offensive Verkäufer, Wiesbaden 1998.

Pilsl, Karl: Erfolgreich ins 3. Jahrtausend – Starke Worte für starke Zeiten, Strategie 2000 1993.

Weinstein, Matt: Management by fun – Die ungewöhnliche Form, mehr Motivation, Kreativität und Engagement zu erzeugen, Landsberg 1999.

Der Autor

Stephan Scharfenorth, geboren 1971, ist Unternehmensberater und Vertriebscoach. Seit 1995 trainiert und berät er Verkäufer, Führungskräfte und Unternehmen. Er führte bereits über 900 Seminare, Trainings und Workshops durch.

Stephan Scharfenorth hat zwei Strukturvertriebe erfolgreich durchlaufen, einen davon bis zum Ende des Karriereplans. Eine zehnjährige Vertriebserfahrung und mehrere zehntausend geführte Akquisitions-, Verkaufs- und Rekrutierungsgespräche kennzeichnen seine Leistungsbilanz.

Kontaktadresse

Stephan Scharfenorth
Bizz Coaching – consulting for professionals®

Tel.: 0700 – CALL BIZZ (22 55 24 99)
E-Mail: training@bizz-coaching.de
Web: www.bizz-coaching.de